AF546192

Klosswoski liest Sade im Lichte der Französischen Revolution, die in der Hinrichtung des Königs zugleich die symbolische Tötung Gottes vollzieht. Dieser unvorstellbare Mord kann nur eine ebenso unvorstellbare Konsequenz haben: die Heraufkunft des integralen Menschen. In verzweifelten Versuchen, die radikale Zerstörung von Gott, Natur und Umwelt zu legitimieren, streben Sades Protagonisten nach einem Begriff uneingeschränkter Freiheit. Klossowskis Sade-Lektüre ist eine philosophische Auseinandersetzung mit der Abwesenheit Gottes, die sich dem Atheisten in Gestalt undurchdringlicher, vernunftwidriger Kräfte entgegenstellt. Dabei erweist sich Sades vorgeblicher Atheismus als Maske, unter der sich manichäische und gnostische Motive verbergen. Als erster großer Aufklärungskritiker hält Sade der atheistischen Rationalität den Spiegel vor, indem er zeigt, dass in ihr monotheistische Normen weiterleben.

Pierre Klossowski (1905–2001) war Maler, Dichter und Philosoph.

SADE – MEIN NÄCHSTER

PASSAGEN FORUM

Pierre Klossowski
Sade – mein Nächster

Aus dem Französischen von
Gabriele Ricke, Ronald Voullié
und Marion Luckow

Passagen forum
herausgegeben von
Peter Engelmann

Passagen Verlag

Deutsche Erstausgabe
Titel der Originalausgabe: *Sade mon prochain*
Aus dem Französischen von
Gabriele Ricke, Ronald Voullié
und Marion Luckow (*Der ruchlose Philosoph*)

Die Deutsche Nationalbibliothek verzeichnet diese Publikation in der Deutschen Nationalbibliografie; detaillierte bibliografische Daten sind im Internet über http://dnb.dnb.de/ abrufbar.

ISBN 978-3-7092-0571-6
2., überarbeitete Auflage 2023

Grafisches Konzept: Gregor Eichinger
Satz: Passagen Verlag Ges. m. b. H., Wien
http://www.passagen.at
Druck: Ferdinand Berger & Söhne GmbH, 3580 Horn

Inhalt

Für Pierre Leyris

ROBERTE

Von wem hat denn Antoine dieses Buch bekommen, das er gestern Abend las? Von dir oder bereits von Victor? *Sade, mein Nächster*! Allein schon der Titel muss einem Übelkeit verursachen.

OCTAVE

Muss wem Übelkeit verursachen?

ROBERTE

Jedem Atheisten, der Achtung vor sich hat. Was Deinen Sade betrifft, den kannst du gern behalten. Aber das Mittel, sich seiner zu bedienen, um uns davon zu überzeugen, dass man nicht Atheist sein kann, ohne nicht zugleich pervers zu sein! Wenn man pervers ist, beleidigt man Gott, um ihm Existenz zu verschaffen, folglich glaubt man an ihn, ein Beweis dafür, dass man ihn heimlich verehrt! Auf diese Weise hofft man, dem Ungläubigen seine gesunde Überzeugung verleiden zu können …

Heute abend, Roberte

Vorwort

Wenn ich mich von einer Geistesverfassung entferne, die mich sagen ließ: Sade, *mein Nächster*, dann nicht etwa deshalb, weil ich mich denen angenähert hätte, die unaufhörlich auf dem grundlegenden Charakter des Atheismus von Sade als Beweis für die *befreiende* Kraft eines befreiten Denkens beharrt haben. Wäre dieses Denken, das sich von *Gott* befreit hat, den der Atheismus für *nichts* erklärt, somit nicht von *nichts* befreit? Wäre seine Freiheit auch für … nichts?

Auf diese Frage versucht die Studie *Der ruchlose Philosoph* zu antworten. Der Neuauflage des alten Werks[1] vorangestellt, soll sie nicht nur auf das hinweisen, was den Verfasser in Gegensatz zu seinem ersten Entwurf stellt, sondern auch, wenn möglich, eine Lücke füllen[2]. Während der Verfasser damals an dem festhielt, was er im *Entwurf des sadeschen Systems*, der ältesten der in diesem Buch zusammengefassten Studien, begonnen hatte, verfolgt er von nun an vielleicht eine strengere Untersuchung von Sades Verhältnis zur Vernunft, und zwar ausgehend von folgenden Feststellungen: 1. der rationale *Atheismus* ist Erbe von *monotheistischen Normen*, deren *unitäre Seelenökonomie* er beibehält (und damit den Vollbesitz und die Identität des verantwortlichen Ichs); 2. während die *Souveränität des Menschen* das Prinzip und das Ziel des rationalen Atheismus ist, verfolgt

Sade, ausgehend von einer Liquidierung der Normen der Vernunft, die *Desintegration des Menschen*; 3. da es kein anderes Begriffsinstrumentarium als das des rationalen Materialismus seiner Epoche gab (worauf bereits im *Entwurf* hingewiesen wird), hat Sade den Atheismus zur „Religion" der integralen Monstrosität erhoben; 4. diese „Religion" beinhaltet eine Askese, die in der *leidenschaftslosen* oder *apathischen* Wiederholung von Handlungen besteht, durch die die Unzulänglichkeit des Atheismus bestätigt wird; 5. auf diese Weise führt der sadesche Atheismus erneut den göttlichen Charakter der Monstrosität ein – *göttlich* in dem Sinne, dass ihre „reale Gegenwart" immer nur durch Riten, also durch wiederholt begangene Handlungen aktualisiert wird; 6. es hat somit den Anschein, dass nicht der Atheismus die sadesche Monstrosität bedingt und freisetzt, sondern vielmehr diese Sade dazu zwingt, den Atheismus zu entrationalisieren, sobald er versucht, seine eigene Monstrosität durch diesen Atheismus rational zu begründen.

Das sadesche Denken zu beschreiben ist eine Sache; eine andere ist es, den sadeschen Sadismus zu beschreiben. Auch wäre es notwendig, die irreduzible Ausgangstatsache der Sodomie zu erkennen, von der aus der sterile Genuss des sterilen Objekts – als Simulakrum der Zerstörung von Normen – die sadesche Emotion zur Entfaltung bringt. Dadurch könnte nämlich gezeigt werden, dass unter dem Deckmantel einer *rationalen Signifikation* eine affektive *Aberration* den *einzigen Gott*, den Garanten der Normen, als eine Aberration der Vernunft kritisiert. Eine Kritik, die sich, einem Gesetz des Denkens selbst entsprechend, in den Kreislauf einer *Komplizenschaft* einschreibt. Kann das Denken dieser Komplizenschaft überhaupt jemals entkommen?

Aber statt dem Weg zu folgen, der mit dem *Entwurf des Systems* geöffnet wurde, verschleierte der Verfasser sein Vorhaben, indem er versuchte, diese erste Studie durch psychoanalytische Reflexionen über die *Seele von Sade* nach dem psychotheologischen Schema des *absoluten Begehrens, das durch das absolute Objekt bestimmt wird* (Gott: Grund der Seele) fortzusetzen. Und in diesem letzten Teil des Werks (*Unter der Maske des Atheismus*) scheint das Problem, nach Meinung des Verfassers, in einer quasi wagnerischen Romantik zu versinken; denn unter dem Vorwand, hier gewissermaßen das „unglückliche Bewusstsein" Sades zu beschreiben, wird der Sadismus in diesem Abschnitt wieder auf den Unglauben zurückgeführt. Und das sogar durch eine in sich völlig kohärente Argumentation: Die Signifikation, die sich das Bewusstsein von Sade gibt, beruht auf einem Verbot; indem das Bewusstsein *Gott verdammt*, schlägt es im absoluten Objekt das absolute Begehren, ohne dadurch jemals die *Beharrlichkeit* dieses Begehrens zu erreichen. Denn das Begehren ist hier die *verleugnete Unsterblichkeit*, in der das Bewusstsein von Sade sich nicht mehr wiedererkennen kann, sondern die es nun im Ausmaß seiner Verzweiflung erfährt. Durch dieses Verbot, an „Gott zu glauben", das es sich als rationale Signifikation gibt, bricht das sadesche Ich seine Totalität: daher eine beständige und wechselseitige Überschreitung des Begehrens durch das Bewusstsein (welches sich nur in seiner Signifikation aufrecht erhalten kann, wenn es entscheidet zu zerstören) und des Bewusstseins durch das Begehren (das weiterhin auf sein Objekt gerichtet ist). Aus dieser widersprüchlichen Simultaneität kommt es auf der Ebene des sadeschen Bewusstseins zur Vermischung der Reinigung der Begierde und der Zerstörung ihres Objekts in einem einzigen Bedürfnis, für das die Zerstörung nur insoweit wollüstig ist, wie die Wollust aus dem verletzten Begehren hervorgeht und den Kummer der Seele verschleiert: den Kummer über den Verlust des absoluten Objekts.

Zweifellos hat die Absicht des Verfassers, Sade aus den Grenzen des rationalistischen Kommentars herauszuführen, ihn hier dazu geführt, die sadesche Erfahrung so zu beschreiben, wie er sie damals entsprechend der manichäischen Gnosis von Marcion mit seinem Streben nach unkörperlicher Reinheit verstanden hat; und überdies wollte er für das sadesche Verhalten ein Analogon bei den Karpokratianern finden, die den Orgasmus, den Befreier des „himmlischen Lichts", in den Mittelpunkt ihres Kultes stellten.

Aber dieser Bezug auf die Häresiarchen hätte nur dann wirklich zur Klärung beigetragen, wenn der Verfasser eine gleiche Distanz zu jeder Repräsentation und vor allem zu denen der orthodoxen Dogmatik eingenommen hätte. Dann hätte er das „unglückliche Bewusstsein" Sades nicht im Hinblick auf eine „höfische", aber vor allem „klerikale" Apologie der Jungfräulichkeit dargestellt oder gedacht, wie er es unwiderruflich im Kapitel „Huldigung der Jungfrau" gemacht hat; auch hätte er dieses „Unglück" angesichts des paradoxen Bildes der Jungfrau nicht als Virilitätskomplex beschrieben.[3] Aber weit davon entfernt, in diesem *Bild*, insofern es tatsächlich den *Tod des Fortpflanzungstriebes* bedeutet, eine (monotheistische) Normalisierung des Mythos vom *Androgynen* zu sehen, hat der Verfasser das grundlegende Motiv der Sodomie bei Sade umgangen und durch das Thema der *verfemten Männlichkeit* in ihrem Streben, die unbesitzbare Jungfrau (die Verkörperung der himmlischen Reinheit) besitzen zu wollen[4], verschleiert und als Triebfeder der sadeschen Psychologie vorgeschlagen. Eine romantische Haltung, in der der Verfasser, wie er selbst gesteht, sich einst gefiel, deren *fromme Intention* er aber heute zurückweisen muss.

Der ruchlose Philosoph

Der sadeschen Erfahrung soll hier nachgegangen werden[1], und zwar in der Form, wie diese sich in die Schrift übersetzt hat.

Zuvor aber wird man versuchen wollen, die philosophische Haltung zu bestimmen, die Sade in seinen Romanen eingenommen hat oder einzunehmen vorgegeben hat. Was bedeutet in dieser Hinsicht für ihn die Tatsache, zu denken und zu schreiben, im Verhältnis zu der Tatsache, zu fühlen oder zu handeln?

Sade selbst, als es ihm darum ging, endgültig die Autorschaft seiner *Justine* abzuleugnen, erklärte, dass alle „Philosophen" seiner „eigenen" Werke „Ehrenmänner" seien, während jener Autor (der angebliche der *Justine*) „durch eine unverzeihliche Ungeschicklichkeit es sowohl mit den verständigen Leuten als auch mit den Dummköpfen verdorben habe", denn alle „philosophischen Personen jenes Romans seien von Ruchlosigkeit durchdrungen"[2].

Die Gegenüberstellung des „ehrenwerten" und des „ruchlosen" Philosophen geht auf Plato zurück. Der ehrenwerte Philosoph erhebt die *Tatsache des Denkens* zur allein *gültigen* Aktivität seines Daseins. Der ruchlose Philosoph gesteht dem Denken keinen anderen Wert zu, als die *Aktivität zur höchstmöglichen Leidenschaft* zu entfalten, die in den Augen des Ehrenmannes nichts als ein Mangel an Sein bedeutet. Selbst wenn die größte

Ruchlosigkeit darin bestehen sollte, die Leidenschaft als Gedanken zu maskieren, wird doch der Ruchlose in dem Denken des Ehrenmannes nie etwas anderes als die Maske einer *machtlosen* Leidenschaft erblicken.

Will man Sade Gerechtigkeit widerfahren lassen, wird man diese „ruchlose Philosophie" ernst nehmen müssen. Denn so, wie sie sich in seinem unerschöpflichen Werk verströmt, setzt sie ein unheilvolles Fragezeichen hinter den Entschluss zu denken und zu schreiben, insbesondere eine Handlung zu denken oder zu beschreiben, *statt* sie zu begehen.

Nachdem die Entscheidung gefallen ist, die das Dilemma freilich nicht löst, stellt sich die Frage: Wie den nicht weiter reduzierbaren Kern einer Sensibilität wiedergeben, wenn nicht durch die Handlungen, die diese Sensibilität verraten? Diesen unreduzierbaren Kern, der sich nirgendwo anders spiegeln oder erfassen kann als in den außerhalb des Denkens vollzogenen – undurchsichtigen, ungreifbaren – Handlungen.

Die Tätigkeit des Schreibens bei Sade

Die echt menschliche Tätigkeit des Schreibens setzt eine Allgemeinheit voraus, deren Zustimmung auch der außergewöhnliche Fall beansprucht und sich von daher bereits dieser Allgemeinheit zugehörig fühlt. In seinem besonderen Fall begreift Sade die Tätigkeit des Schreibens als Verifikation solcher Zugehörigkeit. Das Organ der Allgemeinheit war zu Sades Zeiten die logisch strukturierte Sprache. Im Wirkungskreis der kommunikativen Gebärde erzeugt und festigt die Struktur dieser Sprache die normative Struktur der menschlichen Gattung in den einzelnen Individuen. Physiologisch gesprochen, äußert sie sich in der Unterordnung der Lebensbedürfnisse, einer Unterordnung, die allerdings die Erhaltung und Fortpflanzung der Art sicherstellen muss. Das Bedürfnis, sich zu vermehren und zu verewigen, das in jedem Individuum lebt, entspricht dem Bedürfnis, sich in der Sprache zu vermehren und zu verewigen. So stellt sich eine aus Überredung gewonnene Gegenseitigkeit her, die den Austausch individueller Eigenarten im Kreis der Allgemeinheit erlaubt. Die überredende Gegenseitigkeit verwirklicht sich stets nach dem Prinzip der Identität oder des Widerspruchs: Dieses Prinzip bringt die logisch strukturierte Sprache mit dem allgemeinen Prinzip des Verstandes, das heißt der universellen Vernunft, zur Koinzidenz.

Konform diesem normativen, der Allgemeinheit zugeordneten Prinzip der menschlichen Art will Sade eine für die spezifische Eigenart der Perversionen geltende Gegen-Allgemeinheit aufstellen, die einen Austausch zwischen den besonderen Fällen von Perversion erlaubt, welche nach der bestehenden normativen Allgemeinheit sich durch die Abwesenheit einer normativen Struktur definieren lassen. Der sadesche Begriff der integralen Ungeheuerlichkeit beginnt sich abzuzeichnen.

Indes, die für die spezifische Eigenart der Perversionen geltende Gegen-Allgemeinheit unterstellt Sade der bestehenden Allgemeinheit: Für ihn ist nämlich der von der normativen Vernunft im Namen der Freiheit und der Souveränität des Menschen proklamierte Atheismus dazu bestimmt, die Allgemeinheit in eine Gegen-Allgemeinheit zu wenden. Derart soll der Atheismus, höchste Tat der normativen Vernunft, das Reich totaler Normenabwesenheit errichten.

Sade, der zum Zeugnis für eine Tat der Vernunft, für den Atheismus, die perverse, aller Logik beraubte Art des Denkens und Fühlens wählt, stellt damit einerseits unmittelbar die universelle Vernunft in Frage, insoweit er sie in ihrer eigenen Anwendung widersprüchlich erscheinen lässt; andererseits die menschliche Verhaltensweise, insoweit sie sich aus der Unterordnung der Lebensbedürfnisse ergibt.

Die sadesche Kritik am Atheismus

Wie kommt die Vernunft zum Atheismus? Sie musste erkennen, dass der Gottesbegriff ihre eigene Autonomie verfälschte, und zwar auf unlogische, folglich ungeheuerliche Art: Gerade aus dem Gottesbegriff, der an sich willkürlich ist – wie sie sagt –, leitet sich jegliches willkürliche, perverse und ungeheuerliche Verhalten her. Wenn daher der Atheismus sich als Entscheidung der autonomen Vernunft geltend machen kann, so deswegen, weil diese Autonomie vorgibt, aus eigener Kraft die Normen im Individuum aufrechtzuerhalten und derart durch die Unterordnung der Lebensbedürfnisse in jedem Einzelnen zugunsten der Freiheit und Gleichheit Aller, ein normengerechtes menschliches Verhalten sicherzustellen. Wie aber soll die autonome Vernunft, wenn sie sich nicht selbst in ihrem Konzept erneuert, der Erhaltung der Art entgegengesetzte und ihrer Struktur fremde Phänomene einschließen? Genau an diesem Punkt übt Sade implizit seine Kritik an der normativen Vernunft. Für ihn ist jener Atheismus nichts anderes als ein umgepolter, scheinbar vom Götzendienst gereinigter Monotheismus, der sich kaum vom Deismus unterscheidet; denn mit demselben

Anspruch wie dem einer Gottesvorstellung gewährleistet jener Atheismus noch immer das verantwortliche Ich, seine Eigenheit, seine persönliche Identität. Der von diesem umgepolten Monotheismus zu reinigende Atheismus muss zum integralen Atheismus werden. Was aber wird dann das menschliche Verhalten sein? Man glaubt Sade antworten zu hören: Schaut auf meine Ungeheuer. Und zweifellos hat er selbst seine Karten genügend gemischt, um ihn einer solchen naiven Antwort für fähig erscheinen zu lassen.

Sade, dessen Sprache dem Konzept der universellen Vernunft folgt, kann von dem positiven Inhalt der Perversionen, von der polymorphen Sensibilität, nicht anders Rechnung ablegen als durch negative Begriffe, die sich aus eben dieser Vernunft herleiten. Derart fordert er, wenn auch gegen die „Knechte des Krummstabs" zu Felde ziehend, unvermeidlich den Tadel der wohlmeinenden Atheisten heraus: Niemals werden diese ihm verzeihen, sich der Ungeheuerlichkeit göttlicher Willkür auf dem Umweg des Atheismus genähert zu haben. Die Vernunft wollte sich von Gott befreit wissen. Sade – wenn auch nur verstohlen – will das Denken von jeder vorgefassten normativen Vernunft befreien. *Der integrale Atheismus wird das Ende der anthropomorphen Vernunft bedeuten.* Ungeachtet dieses dunklen Wunsches unterscheidet Sade weder den Denkvorgang selbst von der gedanklichen Bezugnahme auf die universelle Vernunft, wie sie in seiner Naturanschauung in Erscheinung tritt, noch macht er auch nur den Versuch solcher Unterscheidung. Diese Unterscheidung kommt lediglich in den von ihm beschriebenen abweichenden Handlungen zum Ausdruck, insofern als das Denken hier eine experimentelle Tragweite erhält. Sei es Unbekümmertheit, sei es ein boshaftes Vergnügen an widersprüchlichen Situationen, in seiner Eigenschaft als Romancier verleiht Sade seinen Personen das Wesen „ruchloser Philosophen“.

Und wenn diese ihr Treiben, das ihnen ihre Anomalie auferlegt, aus der normativen Vernunft herleiten, so nur, um die Autonomie der Vernunft zu untergraben, über die sie sich lustig machen und deren Eitelkeit sie aufdecken, während doch gerade die Vernunft durch ihre höchste Tat, den Atheismus, das menschliche Verhalten zu gewährleisten vorgibt. Will man sich nicht dazu entschließen, den Atheismus neu zu denken und von den Phänomenen auszugehen, welche von der Vernunft verworfen werden, so wird der Atheismus nur die bestehenden, auf anthropomorphe Normen gegründeten Institutionen konsolidieren helfen. Daraus aber ergibt sich folgendes Dilemma: Entweder ist die Vernunft selbst von ihrer autonomen Entscheidung (Atheismus) ausgeschlossen, die dem Ungeheuren im Menschen vorbeugen sollte, oder das Ungeheure verschließt sich von Neuem vor jeder möglichen Argumentation.

Sade beschreibt die sadesche Erfahrung

Die Beschreibung, die Sade durch seine Protagonisten von der eigenen Erfahrung gibt, bringt ein doppeltes Experiment mit sich:

1. die Vergegenwärtigung des Sensiblen in der abwegigen Handlung.

2. die in Worte gefasste (beschriebene) Vergegenwärtigung.

Von daher ergibt sich die Beziehung der durch die Schrift vollzogenen *Verwirklichung* des Sensiblen in einer Handlung, zu der von ihrer Beschreibung unabhängig bleibenden *Ausführung der Handlung*.

Bei Sade ist dieses Schreiben nicht rein deskriptiv (objektiv), sondern interpretativ: Seine Interpretation der abwegigen Handlung, als Koinzidenz der sensiblen Natur mit der Vernunft, demütigt sowohl die Vernunft durch das Sensible als auch das „vernunftgemäße" Sensible durch eine perverse Vernunft. Die perverse Vernunft aber ist darum nicht weniger die Entgegnung der das Sensible zensierenden Vernunft: Als Entgegnung der Zensur hält die perverse Vernunft jene Zensur zurück, um in das „vernunftgemäße" Sensible die strafende Sanktion – die Schmähung – einzuführen, worunter Sade die Überschreitung der Normen versteht.

Sade geht es nicht darum, die Tatsache des Fühlens an sich, die sich von der Perversion nicht fortdenken lässt, zu rechtfertigen. Vielmehr will er die daraus hervorgehende, abwegige Handlung moralisieren: *Abwegig*, auch in den Augen von Sade selbst, insoweit die Vernunft – selbst eine atheistische Vernunft – sich darin nicht wiedererkennen kann.

Das Sensible wird bei Sade nur dann beschrieben, wenn es um die Darstellung des Antriebs zu einer Handlung geht. Von dieser Beschreibung geht Sade dann in ständig zunehmendem Maße zur moralischen Erklärung der Handlung über. So stellt er zwischen der perversen Art zu fühlen und der perversen Art zu handeln die doppelte Beziehung her, die das Aussprechen des eigenen *Inneren* einerseits mit der *Äußerlichkeit der abwegigen Handlung* unterhält, andererseits mit der *Äußerlichkeit der normativen* Vernunft. Derart, dass die Unterscheidung zwischen *reflektiertem Sadismus und unreflektierter Handlung* nur mittels der normativen Vernunft vollzogen werden kann. Daraus geht etwas ganz Unlösbares hervor, in welchem das Sensible (Sades eigene Erfahrung) sich in dem Maße verdunkelt, wie der Diskurs[3] die Handlung rechtfertigen soll.

Sades Atheismus resultiert aus seiner Art, eine Handlung zu denken, die sich ihrerseits aus der perversen Art des Fühlens ergibt. Da Sade die perverse Handlung so denkt, als würde sie einem moralischen Imperativ, einer Idee gehorchen, überdenkt er die perverse Sensibilität noch einmal von dieser Idee her: Folglich reorganisiert er explizit – ausgehend von der atheistischen Vernunft – die Nichtunterordnung der Lebensbedürfnisse; doch er deorganisiert implizit – ausgehend von der Nichtunterordnung – die normative Vernunft.

Warum Sade nicht nach einer positiven Formulierung der Perversion (der sensiblen Pornographie) gesucht hat. Über die Notwendigkeit der Schmähung

Wenn Sade, insofern es für ihn überhaupt je von Interesse gewesen sein sollte, *eine positive Formulierung der Perversion gesucht hätte, wäre er an seinem eigenen Rätsel vorübergegangen*: Das Phänomen des ursprünglichen Sadismus wäre von ihm nicht intellektualisiert worden. Diese Tatsache geht auf ein unklares Motiv zurück, das den *Nodus* der sadeschen Erfahrung bildet. Motiv der Schmähung insofern, als das Geschmähte beibehalten wird, um als Sprungbrett in die Überschreitung zu dienen.

Sade schließt sich in die Sphäre der normativen Vernunft ein, nicht nur, weil er von der logisch strukturierten

Sprache weiter abhängig bleibt, sondern auch, weil der von den bestehenden Institutionen ausgeübte Zwang sich in seinem eigenen Schicksal individualisiert hatte.

Wenn man von der engen Übereinstimmung der expressiven und subversiven Kräfte absieht – einer Übereinstimmung, die sich im sadeschen Bewusstsein herstellt, da er *die Vernunft zwingt*, der Anomalie als Referenz zu dienen, und die Anomalie zwingt, sich über den Umweg des Atheismus auf die Vernunft zu beziehen –, entzieht man der Überschreitung die Notwendigkeit zur Schmähung. Auf diese Weise würde sich eine rein intellektuelle Überschreitung ergeben haben, die sich von der allgemeinen Auflehnung der Geister am Vorabend der Revolution kaum unterschieden hätte: Der Sadismus wäre dann nichts anderes als eine utopische Ideologie unter anderen gewesen.

Nichtsdestotrotz will die dem Phänomen innewohnende Notwendigkeit bei Sade, dass die Überschreitung ihn hinwegträgt über die Forderungen, die sich logischerweise aus seinen atheistischen Erklärungen ergeben.

Das Motiv der Überschreitung deckt Widersprüche bei den sadistischen Postulaten des integralen Atheismus auf

Integraler Atheismus will heißen, dass das Prinzip der Identität selbst mit dem absoluten Garanten dieses Prinzips verschwindet; folglich, dass die Eigenheit des verantwortlichen Ich moralisch und physisch aufgehoben ist. Erste Konsequenz: die universelle Prostitution. Sie selbst ist nichts weiter als ein ergänzender Bestandteil der integralen Ungeheuerlichkeit und beruht – in Abwesenheit einer normativen Autorität für die Gattung

Mensch – auf der Nichtunterordnung der Lebensbedürfnisse.

Indes, das Bedürfnis nach Überschreitung durchkreuzt in paradoxer Weise diese doppelte Konsequenz des Atheismus; die Enteignung des körperlichen und moralischen Ich, die noch vor der universellen Prostitution zu denken ist, ließe sich noch in Institutionen erfassen, beispielsweise im utopischen Sinn des *Phalanstère* von Fourier, der auf „dem Spiel der Leidenschaften" basiert.

Aber sobald solche Gemeinschaftlichkeit eingeführt wäre, fiele die zur Schmähung notwendige Spannung fort: Der Sadismus würde sich dabei auflösen – es sei denn, er stellte bewusst neue Regeln auf, nur um sie „spielend" verletzen zu können (wie das im Übrigen in den geheimen, von Sade erdachten Gesellschaften geschieht).

Die Überschreitung setzt die bestehende Ordnung, die sichtbare Erhaltung der Normen voraus, um eine Ansammlung von Energie zu begünstigen, welche die Überschreitung notwendig macht. Desgleichen hat die universelle Prostitution nur einen Sinn, wenn man den moralischen Besitz des eigenen Körpers voraussetzt. Ohne diesen Begriff des Besitzes würde die Prostitution ihre Anziehungskraft verlieren: Die Schmähung fiele ins Leere – es sei denn, diese würde im Zustand der institutionalisierten Prostitution darin bestehen, einem von der Gemeinschaftlichkeit ausgeschlossenen Individuum den restlosen Besitz des eigenen Körpers aufzuerlegen.

Ebenso verhält es sich mit der integralen Ungeheuerlichkeit, insofern sie als eine der bestehenden Allgemeinheit implizite Gegen-Allgemeinheit aufgefasst wird. Mittels der von ihr inspirierten Handlungen gewinnt die Perversion (die Nichtunterordnung der Lebensbedürfnisse) ihren überschreitenden Wert allein aus der *Beständigkeit der Normen* (etwa der *normativen Geschlechtsunterschiede*). In dem Maße, wie die Perversion bei den einzelnen Individuen mehr oder weniger latent vorhanden ist, dient sie nur als Modellfall für die „normalen" Individuen, bildet gleichsam eine Straße zur Überschreitung, und das mit derselben Berechtigung, wie die Affinität eines Perversen zum anderen diesen beiden das gegenseitige Überschreiten ihres begrenzten Falles erlaubt.

Angenommen, die menschliche Art würde gänzlich „degenerieren", es gäbe nur noch offen deklarierte Perverse – wenn die integrale Ungeheuerlichkeit also wirksam würde –, so könnte man meinen, dass das „Ziel" Sades erreicht wäre. Es bleibt indes die Frage, ob es dann keine Ungeheuer mehr gäbe, ob der „Sadismus" verschwände. Diese Perspektive bezeichnet genau die Falle, die sich einer „optimistischen" Interpretation Sades stellt, die das Rätsel ausklammern will, um den „psychopathologischen", mithin „therapeutischen" Wert seines Werks zu verbürgen. Aber die List des Phänomens, das die Physiognomie Sades ausmacht, besteht darin, ein „Ziel" vorzutäuschen, und sei es ein „wissenschaftliches". Diese List kommt aus der tiefen Intuition, dass die integrale Ungeheuerlichkeit sich einzig innerhalb der den Sadismus ermöglichenden Verhältnisse realisieren kann, im Inneren eines von Hindernissen bestimmten Raumes, das heißt, in der logisch strukturierten Sprache der Normen und Institutionen. Die Abwesenheit logischer Struktur kann nicht anders als mit Hilfe der gegebenen – und sei es einer falschen – Logik untersucht werden, welche durch ihr Zurückweisen der Ungeheuerlichkeit eben diese Ungeheuerlichkeit herausfordert. Ihrerseits nun klagt die sadesche Ungeheuerlichkeit oder

Anomalie die gegebenen Normen an und bestätigt sich selbst nur im Negativen. Deswegen braucht es nicht zu erstaunen, dass Sade die Normen, die bestehenden Institutionen als Struktur der Perversionsformen selbst beschreibt, und dass Sade auch nicht die leiseste Sorge trägt, den positiven Inhalt der Perversionen in neue Begriffe zu fassen. Auch ist es nicht der von Spinoza übernommene Naturbegriff, aus dem Sade „die ihre eigenen Werke zerstörende Natur" macht, der das Phänomen der Überschreitung erklären könnte. Denn, sagt er, sie zerstört nur, „um immer wieder danach zu trachten, von neuem ihre stärkste Potenz zu erreichen". Diese Vorstellung dient als Argument zum Mord, zur Vergeblichkeit des Mordens, als auch dazu, das Gesetz der Fortpflanzung der Art zu widerlegen, nicht aber um das Vergnügen des Überschreitens zu erläutern, das nach nichts weiter trachtet, als sich selbst zu erneuern.

Die Überschreitung (Schmähung) würde absurd und kindisch erscheinen, wenn es nicht ihr Ziel wäre, einen Zustand der Dinge zu erreichen, wo sie sich aufheben würde, sie nicht mehr notwendig wäre. Aber es liegt in ihrer Natur, dass sie diesen Zustand nie erreichen wird. Folglich muss sie etwas anderes sein als die reine Explosion einer Energie, die sich vor einem Hindernis angesammelt hat. Die Überschreitung ist eine unaufhörliche Rückgewinnung des Möglichen selbst, insoweit der bestehende (existierende) Zustand der Dinge das Mögliche einer anderen Existenzform ausgeschieden hat. Das Mögliche dessen, das nicht existiert, kann jeweils nur Mögliches bleiben: Denn, wenn es dieses Mögliche wäre, das die Handlung der Überschreitung als neue Existenzform wiedergewänne, dann müsste es sie von Neuem überschreiten, da es ja fortan ausgeschiedenes

Mögliches wiederzugewinnen gäbe; das, was die Handlung der Überschreitung wiedergewinnt im Hinblick auf das Mögliche, das nicht existiert, das ist *seine eigene Möglichkeit, das Existierende* zu überschreiten.

Die Überschreitung bleibt, unabhängig von der Interpretation, die Sade ihr geben mag, eine seiner eigenen Erfahrung innewohnende Notwendigkeit. Nicht nur, weil sie als ein Zeugnis des Atheismus ausgegeben wird, kann oder soll die Überschreitung niemals einen Zustand erreichen, in dem sie sich aufzuheben vermag: Die Energie muss ständig über sich hinausgehen, um ihr Niveau zu bestätigen. Sobald sie kein Hindernis mehr antrifft, fällt sie jenseits des erreichten Niveaus zusammen. Eine Überschreitung muss die nächste erzeugen: Und wenn sie sich derart wiederholt, wiederholt sie sich bei Sade zumeist durch ein und *dieselbe Handlung. Niemals ist es diese Handlung selbst, die sich überschreiten könnte. Jedes Mal stellt sich ihr Bild so dar, als ob sie noch niemals ausgeführt worden wäre.*

Kritik des Perversen bei Sade, welche der Schaffung des sadeschen Protagonisten vorausgeht

Um zu seinem Begriff der integralen Ungeheuerlichkeit vorzustoßen und in originaler Weise den Personentypus zu schaffen, der sie vergegenwärtigt, musste Sade zuvor eine Kritik des Perversen im eigentlichen Sinne vorgenommen haben. Den Begriff der Perversion im pathologischen Sinne gibt es bei Sade nicht. Seine Terminologie in diesem Bereich bleibt die der moralischen Psychologie, das heißt der *Gewissenserforschung*, die von den Kasuisten entwickelt wurde.

In den *120 Tagen von Sodom* werden die verschiedenen Perversionsfälle als Leidenschaften bezeichnet, die sich von den *einfachen* bis zu de *komplizierten Leidenschaften* erstrecken. Das Ganze bildet einen Stammbaum der Verbrechen und Laster, wie er schon in *Aline und Valcour* vor Augen geführt wurde. Der von ihnen affizierte Mensch wird als lasterhaft, verderbt, als „wollüstiger Verbrecher", gekennzeichnet, der sich dem „Lustmord" hingibt. Immerhin füllt ab und zu eine Bezeichnung, die sich weitgehend den Begriffen der modernen Pathologien annähert, die Bezeichnung „manisch".

Der Perverse, wie Sade ihn beobachtet und in den *120 Tagen* beschreibt – und zwar in der Erzählung der Anekdoten und Bordellgeschichten, deren Themen die vier Hauptpersonen zur Variation und Improvisation anregen sollen –, der gleichsam als Dokument beobachtete Perverse gebärdet sich tatsächlich wesentlich wie unter dem Einfluss einer Manie stehend: Seinen Genuss ordnet er der Ausführung einer einzigen Geste unter.

So unterscheidet sich der Perverse in der gewöhnlichen, zügellosen Gesellschaft durch eine *bestimmte und fixierte Vorstellung*, wiewohl es sich dabei noch nicht um *die Vorstellung* handelt, die Sade entwickeln wird. Im Kontext dessen, was man damals als „Libertinage" bezeichnete, ist nichts weniger frei als die Geste des Perversen. Während man unter Libertinage die bare und einfache, von Gewissensbissen so weit wie nur möglich gereinigte Neigung zur Orgie versteht, ist das Verlangen des Perversen nie anders als durch die gewissenhafte Vorliebe für ein bestimmtes Detail zu stillen, durch die gewissenhafte Suche nach diesem Detail, durch die gewissenhafte, auf dieses Detail zusteuernde Gebärde, deren Sorgfalt jenen entgeht, die sich der Entfesselung derberer Gelüste überlassen.

Der Perverse verfolgt die *Ausübung einer einzigen Geste*; das ist die Sache *eines Augenblicks*. Die Existenz des Perversen wird zur ständigen Erwartung *des Augenblicks, in dem er diese Geste ausführen kann*.

An sich betrachtet kann der Perverse sich nur durch diese Geste *bezeichnen*: Die Ausführung dieser Geste steht für die *Totalität des Faktums seiner Existenz*. Zu diesem Faktum selbst hat der Perverse *nichts zu sagen*, was seine Geste beträfe, die auf der Ebene der zwischen Individuen geübten Wechselseitigkeit intelligibel ist. Der Perverse befindet sich gleichzeitig diesseits und jenseits der „individuellen" Ebene: Hinsichtlich dieser, die einen Zusammenhang von – den Normen der Art entsprechenden – untergeordneten Bedürfnissen bildet, zeigt der Perverse die willkürliche Unterordnung der gewohnheitsmäßigen Lebensbedürfnisse unter ein einziges nicht untergeordnetes Bedürfnis, eine Begierde, die durch ihr Objekt anstößig sein muss. In dieser Beziehung bewegt er sich diesseits der derbsten Individuen; aber insofern die Nichtunterordnung eines einzigen Bedürfnisses sich hat konkretisieren können und folglich es ihm gelungen ist, es in seinem eigenen Fall zu individualisieren, verweist er das Denken Sades auf die vielfältige Möglichkeit einer Neuverteilung von Bedürfnissen, und in diesem Sinne, jenseits der „normal" zusammengesetzten Individuen, öffnet der Perverse eine weite Perspektive: die der sensiblen Polymorphie. Abgesehen davon, dass der Perverse in den Lebensbedingungen der menschlichen Gattung sich nicht anders bestätigen kann als eben durch die Zerstörung dieser Bedingungen in sich selbst, *konsekriert schon das Faktum seiner Existenz den Tod der Gattung in ihrem Individuum*. Das Sein bestätigt sich als Aufhebung des Lebens selbst. Die Perversion entspräche dann einer

Eigenheit des Seins, die auf der *Enteignung der Lebensbedürfnisse* gegründet ist. Eine Enteignung des eigenen Körpers und des Körpers des anderen hätte infolgedessen der Sinn dieser Eigenheit zu sein.

Welcher besondere Fall von Perversion ihn auch immer treffen mag, der Perverse scheint durch seine Geste eine Definition *der* Existenz und so etwas wie ein Urteil *über* die Existenz abzugeben. Damit diese Gebärde auf diese Weise das Faktum der Existenz bestätige, muss sie einer Vorführung gleichen. Was die Gebärde bezeichnet, ist an sich unverständlich. Zumal sie an einem Ort der Ausschweifung ausgeführt wird, kennt man die Gebärde nur *losgelöst* von ihrem unverständlichen Inhalt: Dort wird man in dieser Gebärde nie etwas anderes sehen als die abseitige Art, ein Gelüst zu stillen, das augenscheinlich dieselbe Auflösung findet wie die „normalen" Gelüste.

In Sades Augen muss die perverse Geste eine Bedeutung haben, die in dem geschlossenen Kreis eines bestimmten Perversionsfalles schwer einsichtig ist. *Das perverse Gestikulieren ist eine Taubstummensprache*. Die Taubstummen haben einen Kodex im Gedächtnis. Wohingegen die *Geste des Perversen noch keinem* Kodex angehört. Seine eigene Perversität macht sein eigenes Gedächtnis aus. So ist es weniger der Perverse, der sich seiner Geste erinnert, um sie zu wiederholen, als die Geste selbst, die sich des Perversen erinnert.

Wenn diese Geste etwas Intelligibles bedeutet, wenn sie auf eine Vorstellung antwortet, wenn sie am Ende ein Urteil ist, dann will das heißen, dass die Geste etwas *interpretiert*: Um dieses Etwas explizit zu machen, wird Sade die von dem Perversen *unterstellte Interpretation interpretieren*. Und dabei geht er von dem aus, was er in seiner Geste entziffert.

Ein absolut zentraler Perversionsfall, den Sade zum Ausgangspunkt aller übrigen Interpretationen wählt – soweit es sich um das Affinitätsprinzip innerhalb der integralen Ungeheuerlichkeit handelt –, ist die Sodomie.[4]

Dieser biblische, von der Moraltheologie konsekrierte Begriff meint eine Handlung, die nicht nur auf die homosexuelle Praxis beschränkt ist: Gerade insofern muss man die Homosexualität, die keine echte Perversion ist, von der Sodomie unterscheiden, die eine ist. Mit derselben Berechtigung wie die heterosexuellen eignen sich die homosexuellen Praktiken zur Hervorbringung von Institutionen, wie man es vielfach in der Geschichte der menschlichen Gesellschaft gesehen hat. Die Sodomie hingegen äußert sich betont durch eine spezifische Geste der Gegen-Allgemeinheit, die in den Augen Sades höchste Bedeutung hat: Sie verletzt das Gesetz der Fortpflanzung der Art und *bezeugt derart den Tod der Gattung im Individuum.* Und das nicht nur in abweisender, sondern in aggressiver Form: Sie ist zugleich *Trugbild* und *Verhöhnung* des Zeugungsaktes. In diesem Sinne ist sie auch Trugbild der von einem Menschen erträumten Zerstörung, die dieser über einen anderen desselben Geschlechts durch eine Art gegenseitiger Überschreitung ihrer Grenzen bringen möchte. An einer Person des anderen Geschlechtes verübt, wird die sodomitische Handlung zur *Metamorphose eines Trugbildes* und paart sich stets mit einer Art magischer Faszination. Tatsächlich, insofern diese Gebärde die organische Besonderheit der Individuen überschreitet, führt sie in die Existenz das Prinzip der gegenseitigen Verwandlung der Wesen ein, zu deren Reproduktion die integrale Ungeheuerlichkeit neigt und die von der universellen Prostitution als der letzten Anwendung des Atheismus postuliert wird.

Bei seinem Versuch, die Geste des Perversen zu entziffern, stellt Sade den Kodex der Perversionen auf. Seine eigene Konstitution hat ihm hierfür das Schlüsselzeichen entdeckt: die sodomitische Gebärde. Für Sade strebt alles von Nahem oder Ferne auf diese Geste zu, die durch das, was sie an Tödlichem für die Normen der Art und in gewisser Weise an Ewigem für deren ständigen Neubeginn in sich trägt, die absolute perverse Geste ist. Zugleich ist sie die zweideutigste aller perversen Gesten, da sie nur durch die Existenz dieser Normen zu fassen ist, und sie ist die zur Überschreitung fähigste, da sie nur über das Hindernis dieser Normen vollführt werden kann.

Man erkennt, dass Sade keineswegs den Ursprung der Perversionen in Bezug auf die Normen erforschen will, noch zu wissen trachtet, inwiefern diese Normen für das Individuum ihre Verbindlichkeit verloren haben. Er begreift die Perversion als gegebenes Phänomen (organisch bedingt oder angeboren), dem eine rationale Erklärung zukommt, wie allen anderen Manifestationen der Natur.

Von daher versteht man, dass Sade die logisch strukturierte Sprache in die Perversion einführt, die doch, in Beziehung zu dieser Sprache, eine aller Logik beraubte Struktur ist.

Der nunmehr in Worte übersetzte Kodex wird in spezifischer Weise die Spuren der perversen Geste zeigen, gemäß der er sich strukturieren wird, so, wie die logische Sprache diese Geste restrukturieren und Sades Schreibweise kennzeichnen wird. Was einerseits die logische Sprache als Sprache der Vernunft der kodifizierten Geste des Perversen hinzufügt, ist der Atheismus, insoweit es sich um eine Handlung der besseren Einsicht, des „common sense“ handelt. Was andererseits die derart kodifizierte perverse Geste in die Sprache des „common sense" einführt, ist die Nicht-Sprache der Ungeheuerlichkeit, die unter diesem Kodex fortbesteht. Es gibt hier zwischen der rationalen Normensprache und der Anomalie eine Art von Osmose, die Sade allein gelingen konnte: Der Atheismus wird nur integral, insofern die Perversion sich vernünftig will, und nur insoweit sie sich vernünftig gewollt haben wird, vermag sie zur integralen Ungeheuerlichkeit zu werden.

Von diesem Punkt ausgehend inauguriert Sade mit entschiedener Meisterschaft seine originelle Schöpfung: Um in der Tat den Protagonisten zu schaffen, den er sich vorstellt, und um dem Typus gerecht zu werden, den er im Sinne hat, entzieht er ihn der konventionellen, zügellosen Gesellschaft und vor allem dem Bordell. Eben dadurch bricht er mit der libertinen literarischen Tradition und führt das Thema der Perversion in die Moral und Sittenschilderung ein. Sade stellt seinen Protagonisten in die Welt des Alltags: Das heißt, er hat ihn inmitten der Institutionen, der Zufälligkeiten des sozialen Lebens ausfindig gemacht. Dergestalt erscheint die Welt als der Ort, an dem sich das geheime Gesetz der universellen Prostitution bestätigt. Schon deswegen hält Sade die Gegen-Allgemeinheit bereits in der bestehenden Allgemeinheit inbegriffen; nicht um die Institution zu kritisieren, sondern um zu zeigen, dass diese von sich aus den Triumph der Perversionen gewährleisten.

Sade erfindet den Typ des Perversen, der, von seiner besonderen Geste ausgehend, *im Namen der Allgemeinheit* spricht. Falls diese Geste als ein Urteil gelten soll, tritt es nur in dem Moment in Kraft, da der Begriff der Allgemeinheit sich einschaltet. Die Geste, die außergewöhnlich, unentzifferbar ist, kann dies nur sein in Bezug auf eine Allgemeinheit der Geste. Die Allgemeinheit der Geste vermischt sich mit dem Wort. Auch wenn die eigene Geste für den Perversen einen Sinn haben mag, so bedarf es dennoch nicht des Wortes, um ihre Bedeutung wiederzugeben. Die besondere Geste des Perversen ist eben gerade nicht die Geste, die in der Allgemeinheit einmal das Wort begleiten, ein anderes Mal das Wort ersetzen oder ihm widersprechen mag. Die besondere Geste des Perversen *entleert mit einem Schlag den ganzen Inhalt von Worten, da in ihr allein das Faktum der Existenz enthalten ist.*

Doch sobald der Perverse zum typischen sadeschen Protagonisten geworden ist, folgt er in der Erklärung seiner besonderen Geste der Allgemeinheit des Gestus. Schon die bloße Tatsache seines Sprechens bringt es mit sich, dass er die überredende Gegenseitigkeit fordert und seine Zugehörigkeit zur menschlichen Gattung beschwört.

Daraus ergibt sich, dass in dem Moment, da er zu sprechen beginnt, er die Besonderheit der Geste, die der Anlass seines Diskurses war, durch die Unterstellung verleugnet, dass diese Besonderheit jedem von uns eigen sei: Folglich ist der Inhalt seiner Geste kein besonderer mehr, und während im Schweigen die Geste noch keinerlei Bedeutung hatte, nimmt sie jetzt beim Sprechen eine Bedeutung an. Indes, wenn die Besonderheit seiner Geste jedermann eigen sein soll, wie er sagt, muss er noch den Beweis erbringen, dass auch jedermann in der besonderen Weise zu handeln vermag, wie er es tut. Doch er redet in dieser Weise nur, weil er vom Gegenteil überzeugt ist, nämlich, dass nur er allein handelt, wie er handelt. Schon die Tatsache seines Sprechens bewirkt, dass er sich über den Gegenstand seiner Beweisführung täuscht und er das in ihm selbst angelegte Hindernis hervorruft: Das Hindernis für den sprechenden Perversen liegt nicht darin, besonders zu sein, sondern in seiner eigenen Besonderheit der Allgemeinheit zuzugehören. Wie dieses Hindernis überwinden? Kann er *im Namen der Allgemeinheit* beweisen, *dass es keine* Allgemeinheit gibt, und dass die Normen der Gattung keine reale Existenz haben? Wenn das zutreffen würde, könnte auch nicht mehr gesagt werden, dass jene Besonderheit jedem eigen sei. Wie beweisen, dass die Normen nicht existieren? Die Besonderheit der Geste stellt sich wieder her, ohne dass ihre Undurchsichtigkeit in irgendeiner Weise aufgehellt worden wäre. Und der Perverse, der allein die Gültigkeit seiner Geste beweisen soll, eilt, sie zu vollziehen.

Der Diskurs des Perversen bleibt schon deswegen ein Sophismus, weil er die Zustimmung des „common sense" beschwören will, es sei denn, man verließe das Konzept der normativen Vernunft. Die Überredung kann nur dann eine Wirkung haben, wenn der Gesprächspartner seinerseits dazu gebracht wird, die Normen zurückzuweisen. Nicht durch Argumente, nur durch Komplizenschaft vermag der sadesche Protagonist die Zustimmung des Gesprächspartners zu erlangen.

Im Allgemeinen versteht man unter Komplizenschaft das Gegenteil von Überredung. Diejenigen, die einander als Komplizen in der Ausschweifung kennen, bedürfen keiner Argumente, um sich zu verstehen. Gleichwohl scheinen die sadeschen Protagonisten, trotz der Affinität, die sie aneinander für die eine Geste (die Sodomie) entdecken, es sich jedes Mal zu schulden, die Abwesenheit des die Normen garantierenden Gottes zu proklamieren, folglich sich zum integralen Atheismus zu bekennen, von dem sie vorgeben, durch ihre Handlungen Zeugnis abzulegen. Aber sobald sie unter sich sind, entledigt sich die kodifizierte Geste der logisch strukturierten Sprache, die diese aus oratorischer Vorsicht verhüllte, und das durch die Geste dargestellte Schlüsselzeichen erscheint wieder an seinem *wahren* Ort: *in der geheimen Gesellschaft*. Dort wird die Geste zum Trugbild, zum Ritus, den die Mitglieder der geheimen Gesellschaft sich nicht anders erklären als durch die Nicht-Existenz des absoluten Garanten der Normen, eine Nicht-Existenz, die sie als eine nur durch diese Geste darstellbare Begebenheit sich immer wieder ins Gedächtnis rufen wollen.

Soll solche Komplizenschaft in dem normaleren Gesprächspartner auch nur andeutungsweise erzeugt werden, muss dieser sich zunächst in seiner Eigenschaft als „vernünftiges" Individuum desintegrieren; und er kann sich nur desintegrieren mit Hilfe eines durch das Wort des Perversen in ihm aufspringenden Anreizes oder Abscheus.

Woran also könnte der Perverse eine Komplizenschaft bei dem „normalen" Gesprächspartner erkennen? An jener Geste selbst, die in der Allgemeinheit des Gestus ein Mensch im Gegensatz zu dem vollführt, was er sagt. Der den Sophismus des Perversen verwerfende Gesprächspartner vollführt die Geste in diesem widersprüchlichen Sinne, sodass – ungeachtet der von ihm ausgedrückten Verneinung – er im physischen, also körperlichen Sinne seine eigene Besonderheit unter Beweis stellt, die in ihm wie in jedem anderen latent vorhanden ist. Indes, da das Zurückweisen des Sophismus sich im Namen der Allgemeinheit des „common sense" vollzieht, wovor verteidigt sich der in diesem Moment zum passiven Subjekt gewordene Gesprächspartner, wenn nicht vor der eigenen latenten Besonderheit? Er kann die Geste der Verneinung und der Verteidigung nicht machen, ohne zugleich seine eigene Besonderheit zu offenbaren. Der Perverse aber lauert auf diese widersprüchliche Geste, die reflexartig, körperlich, stumm ist und die er folgendermaßen entziffert: *Gedenke all der uns verbindenden Fatalitäten und sieh, ob die Natur dir nicht in meiner Person ein Opfer anbietet.*

Wie die integrale Ungeheuerlichkeit einen Raum der Geister schafft: Die Askese der Apathie

Für Sade ist die sodomitische Handlung der beispielhafte Modus zur Überschreitung der Normen (was deren paradoxe Aufrechterhaltung voraussetzt); zugleich muss sie der Überschreitungsmodus der verschiedenen Perversionsfälle sein und so das Affinitätsprinzip der Perversionen untereinander begründen.

In der Tat, durch Unterdrückung der spezifischen Grenzen zwischen den Geschlechtern – wie die Kallypigos sie zeigt – wird die sodomistische Handlung für Sade zum Schlüssel aller Perversionen.

Von dieser Handlung ausgehend, die er moralisch als ein Zeugnis des Atheismus, folglich als eine Kriegserklärung gegenüber den überkommenen Normen des Monotheismus interpretiert, entwirft Sade die Perversion im Reich des Denkens, wo die integrale Ungeheuerlichkeit so etwas wie einen Raum der Geister bildet, die durch gegenseitiges Verständnis jenes Schlüsselzeichens kommunizieren.

Von daher der doktrinäre Charakter des sadeschen Werks mit seinen didaktischen Situationen; von daher vor allem das Unterscheidungsvermögen, das in dieser seltsamen Akademie Vorbedingung ist, und vermöge dessen die Doktoren der Ungeheuerlichkeit sich untereinander erkennen, sich von dem in seinem isolierten

Fall eingeschlossenen Perversen absetzen und ihre Schüler aussuchen.

Kein Kandidat der Ungeheuerlichkeit wird hier für fähig gehalten, der nicht seine Handlungsweise als ein Bekenntnis zum Atheismus auffasste, kein Atheist, der nicht imstande wäre, unmittelbar zu Handlungen überzugehen. Von solcher Voraussetzung ausgehend, wird eine progressive Einweihung verfolgt, die in der Praxis der Askese ihren Höhepunkt erreicht.

So wie Sade zu verstehen gibt, unterstellt die Praxis der Apathie, dass die sogenannte „Seele", das „Gewissen", die „Empfindsamkeit", das „Herz" nur verschiedene Strukturen sind, die durch Konzentration derselben triebhaften Kräfte bewirkt werden. Unter dem Druck der institutionellen Welt vermögen diese Triebkräfte die Struktur eines Einschüchterungsorgans auszuarbeiten, ebenso wie sie unter dem inneren Druck dieser Kräfte die Struktur eines Empörungsorgans – in Augenblicksschnelle – ausarbeiten. Aber es sind immer dieselben Triebe, die uns *zu gleicher Zeit* einschüchtern und zur Empörung treiben.

Wie wirkt in uns diese einschüchternde Empörung oder diese empörerische Einschüchterung? Durch die den Handlungen voraneilenden Bilder, die uns dazu treiben zu handeln oder zu erdulden, wie auch durch die Bilder der begangenen oder unterlassenen Handlungen, die auf uns zurückkommen und die unser Gewissen beunruhigen, insofern die zur Ruhe gekommene Motorik es erlaubt, das Gewissen zu rekonstituieren. So ist das Bewusstsein seiner selbst und der anderen die zerbrechlichste und durchsichtigste Aufgabe.

Folglich, wenn unsere Triebe uns in Form von „Furcht", von „Mitleid", von „Schrecken" oder „Gewissensbissen", das heißt von Bildern bereits ausgeführter oder noch auszuführender Handlungen einschüchtern, dann müssen wir diese abstoßenden Bilder durch Handlungen, welche auch immer es sein mögen, ersetzen; und zwar jedes Mal, wenn diese Bilder Neigung zeigen, sich durch Handlungen zu ersetzen, um ihnen auf diese Weise zuvorzukommen.

Sade verwendet hier nicht den Begriff „Bild", wir haben ihn an die Stelle der Begriffe „Furcht" und „Gewissen" gesetzt, da diese die Vorstellung der begangenen oder zu begehenden Handlung voraussetzen. Gleichwohl tritt das Bild nicht nur in Form von Gewissensbissen, sondern auch von Absicht auf. Die Wiederholung wird zunächst einmal als eine Bedingung angestrebt, damit das Ungeheuer auf der Ebene der Ungeheuerlichkeit verbleibt; ist indes die Wiederholung nur durch die reine Leidenschaft bestimmt, so ist sie schlecht gesichert.

Damit das Ungeheuer noch jenseits des eigentlich erreichten Niveaus fortschreitet, muss es zunächst vermeiden, diesseits zurückzufallen; das vermag es nur, wenn es seine Handlungen in absoluter Apathie wiederholt. Nur sie kann es im Zustand permanenter Überschreitung erhalten. Sade, der dem Kandidaten der Ungeheuerlichkeit diese neue Bedingung stellt, leitet eine Kritik des Sensiblen ein und insbesondere eine Kritik am primären Gewinn aus der Überschreitung, das heißt, an dem von der Handlung nicht zu trennenden Genuss.

Wie kann die in der Trunkenheit, in der Raserei begangene Handlung kaltblütig wiederholt werden? Muss nicht das Bild dieser Handlung, das sich dem Geiste wieder vorstellt, einen wenn auch abstoßenden, so doch auch genussversprechenden Reiz ausüben, damit überhaupt die Frage ihrer Wiederholung sich stellt?

Was Sade unter seiner Maxime der apathischen Wiederholung der Handlung versteht, lässt sich folgendermaßen rekonstruieren:

Möglicherweise hat Sade den Wechsel der verschiedenen Strukturen erkannt, die die Triebkräfte in ihrer zugleich empörerischen und einschüchternden Bewegung bewirken – es gibt einige Anhaltspunkte, dass er auch das *Gewissen und das Bewusstsein seiner selbst* als eine dieser Strukturen erkannt hat, welche die in einem Subjekt individualisierten Triebkräfte unter dem Druck des institutionellen Milieus der Normen entwickelt haben. Von daher auch die Variationen und die Instabilität dieser Strukturen, die sich nur nachträglich überprüfen lassen: Bald stellen diese Kräfte das Subjekt *außer sich selbst* und treiben es an, *gegen sich zu handeln*, und so überschreiten sie die Struktur des Gewissens und zersetzen es; bald, namentlich, nachdem sie es derart zum Handeln getrieben haben, bauen sie das (sich wiedererinnernde) Gewissen des Subjekts dank *seiner Untätigkeit* wieder auf: Dann aber *kehren sich* dieselben Kräfte *um*: Diese Umkehrung derselben Kräfte formt das *zensierende* Gewissen des Subjekts, eine Zensur, die ausgeübt wird, da das *Außer-sich-Gestellt-werden* wie eine *Drohung* des Subjektes empfunden wird, insofern dieses den Normen der Art untersteht. Diese Zensur wird bereits im Akt der Überschreitung selbst empfunden, sie ist ihr notwendiger Anlass: Für Sade antwortet das moralische Gewissen nur auf eine Erschöpfung der Triebkräfte („Ruhe der Sinne“) und führt das Intervall herbei, in welchem das abstoßende Bild der begangenen Handlung sich in Form des „Gewissensbisses“ wieder vorstellt.

Tatsächlich war es, schon seitdem die Handlung ein erstes Mal begangen wurde, gerade ihr abstoßendes Bild, das sich wie ein Versprechen zum Genuss ausnahm. Und wenn jetzt die Wiederholung derselben Handlung das Gewissen annullieren soll, so sind es auch jedes Mal dieselben Kräfte, die es wieder aufrichten. In Zensur verkehrt, provozieren sie die Handlung *von Neuem*.

Das Projekt der apathischen Wiederholung gibt hier eine tiefe Lehre: Sade empfindet sehr wohl, dass die Überschreitung zum Teil mit der Zensur verbunden ist; aber die rein logische Analyse, die der Erkenntnis vorangeht, vermag die derart empfundene *gegensätzliche Gleichzeitigkeit* nicht zu erfassen: Er beschreibt sie und zerlegt sie in aufeinanderfolgende Zustände: Empörung – Überschreitung – Einschüchterung, wobei Einschüchterung und Überschreitung untereinander in enger Abhängigkeit bleiben, sich gegenseitig provozieren. Darum will Sade die Einschüchterung durch die apathische Wiederholung der Handlung ausscheiden: Scheinbar entleert er die Überschreitung ihres Gewinns, des Genusses.

Die Ausscheidung des Sensiblen muss zugleich die Rückkehr des moralischen Gewissens verhüten, aber durch das Verhüten seiner Rückkehr scheint diese Askese die Ursache der Überschreitung zu entwurzeln: Die sodomitische Handlung (Schlüsselzeichen aller Perversionen) hat nur als bewusste Überschreitung der durch das Gewissen dargestellten Normen ihren bezeichnenden Wert. Das derart verfolgte *Außer-sich-Gestellt-sein* ist praktisch eine Antwort auf die Reduktion des Gewissens im Subjekt durch das Denken. Das Denken aber muss *die ursprüngliche Version der Triebkräfte* wiederherstellen, die das Gewissen *umgekehrt* hatte. Für den Schüler, der die Doktrin praktizieren soll (nicht mit Hilfe des in seinem besonderen Fall eingeschlossenen Perversen), ist die Ungeheuerlichkeit der Bereich dieses *Außer-sich-Seins* –

außerhalb des Gewissens und Bewusstseins, wo das Ungeheuer sich nicht anders als durch die Wiederholung derselben Handlung behaupten kann. Die „lustvolle Härte“ – nach Sade die Frucht dieser Praktik – gehört nicht in die Kategorie des Sensiblen: „Härte“ unterstellt eine Vornehmheit des Denkens und des moralischen Gewissens; „lustvoll“ spielt auf die Ekstase des Denkens bei der Vorstellung der kaltblütig wiederholten Handlung an: Eine Ekstase, die hier ihrer funktionellen Entsprechung, dem Orgasmus, entgegengesetzt ist.

Der orgastische Moment gleicht einem Fall des Denkens aus der eigenen Ekstase: Dieser Fall aus der Ekstase vollendet sich in eben dem funktionellen Orgasmus, welchem der sadesche Protagonist durch die Apathie zuvorkommen will; er weiß, dass der Orgasmus nur ein den Normen gezollter Tribut und insofern eine Nachahmung der Ekstase des Denkens ist. Dabei genügt es nicht, dass der Orgasmus ein Verlust von Kräften in der sodomitischen Handlung, somit ein *unnützer Genuss* ist; dieser unnütze Genuss soll sich durch die Wiederholung der Handlung mit der Ekstase des Denkens vermischen, und zwar nunmehr *getrennt vom Orgasmus selbst erlebt* werden.

Die apathische Wiederholung der Handlung lässt einen neuen Faktor hervortreten: die Zahl, und im besonderen den Bezug von Quantität und Qualität im Sadismus. Die über demselben Objekt leidenschaftlich wiederholte Handlung entwertet (oder verändert) sich zugunsten der Qualität des Objekts. Sobald das Objekt sich vervielfältigt und die Zahl der Objekte diese selbst entwertet, festigt sich die Qualität der in der Apathie wiederholten Handlung selbst umso mehr.

Die Lektion der Apathie: Inwiefern ist die Überschreitung der Handlung möglich?

Es wäre wohl denkbar, dass die apathische Wiederholung für das Denken nur eine Parabel darstellt und die Überschreitung beim Überschreiten der Handlung verendet: *„Aus Tugend wirst du keine Reue mehr empfinden, denn du wirst die Gewohnheit angenommen haben, das Böse zu tun, sobald die Tugend sich zeigt; und um nicht mehr Böses tun zu müssen, wirst du ihr Erscheinen zu verhindern wissen …"*

Zu überprüfen ist, ob diese zweite Sentenz der von der apathischen Wiederholung widerspricht oder sie bekräftigt. Darum muss festgehalten werden: „Du wirst die *Gewohnheit* angenommen haben, *das Böse zu tun …"* und: *„um nicht mehr Böses zu tun"*. Hier geht es um zwei Arten des Handelns, wobei die erste, die sich an Stelle der zweiten setzt, die Tugend selbst in der Nicht-Reue, weil in dem „Nicht-mehr-Böses-tun", bilden muss.

Der durch *denn* (frz.: car, lat.: qua re) eingeführte beigeordnete Nebensatz beschuldigt *„die Gewohnheit, das Böse zu tun, sobald die Tugend sich zeigt"*, die Ursache der Reue zu sein. Also Verknüpfung zweier Arten von Reaktionen: Der *Reue*, die nur eine vom Subjekt erlittene Reaktion ist; und *der Gewohnheit*, beim Anblick der Tugend das *Böse zu tun*; eine Gewohnheit also, die ganz *Reflex* ist, das heißt, *sofort durch Schmähung* zu reagieren. Wenn dem so ist, will die zweite Sentenz (das Erscheinen der Tugend verhindern) den Reflex der Schmähung durch eine Reaktion auf diesen Reflex ersetzen (also auf die Notwendigkeit der Schmähung), der hinfort ein positives Handeln beinhalten wird.

„Du wirst die Gewohnheit angenommen haben, das Böse zu tun …", lautete so nicht die Rede der apathischen Wiederholung, insofern diese mit Überlegung vorgenommen wurde? Inwiefern ist diese nicht mehr die Gewohnheit, das Böse zu tun? Wenn sie eine Transposition ist, also ein *gedanklicher* Reflex, worin unterscheidet sie sich dann von der Gewohnheit, das Böse zu tun, also von der Schmähung? Wenn sie sich nämlich nicht davon unterscheiden sollte, scheint die zweite Sentenz in Wahrheit nur eine Widerlegung der apathischen Wiederholung zu sein. Damit die zweite im Gegenteil zu ihrer Erklärung werden soll, muss man sich vor Augen führen, wie sie aus dem einfachen Reagieren der Schmähung ein positives Agieren ohne Schmähung herauslöst, und unterdes das „Erscheinen" der Tugend verhindert. Wie zeigt sich die Tugend? Unter welch unerträglichem Aspekt? Unter dem Aspekt der Beständigkeit (des bewussten Subjekts), die das Gute darstellt. Nach dem Prinzip der Identität, das sich aus der Individuation herleitet, ist zwar die Unbeständigkeit das Böse. Aber für die Triebkräfte, die der Individuation feind sind, ist die Unbeständigkeit das Gute. Da nun die Triebkräfte es sind, die die Unbeständigkeit nähren, sich aber gleichwohl nur *in Funktion* der ihnen unerträglichen Beständigkeit manifestieren, müssen sie selbst *Beständigkeit* in der Unbeständigkeit erlangen. Mit einem Wort, Sade wollte die Handlung der Schmähung selbst durch einen permanenten Zustand ewiger Bewegung überschreiten – jener Bewegung, die Nietzsche sehr viel später die *Unschuld des Werdens* genannt hat. Aber Sade lässt die Überschreitung durch die Überschreitung selbst nur für einen Augenblick sichtbar werden. Der Überschwang seines Denkens führt ihn immer wieder zurück auf den nicht reduzierbaren Sensibilitätskern, der mit seiner Vergegenwärtigung der schmähenden Handlung zusammenhängt, welche den Begriff der Unschuld ausscheidet. Deswegen können die Triebkräfte das Wiedererscheinen der Tugend – der Beständigkeit – nicht anders als durch eine Beständigkeit der Handlung, das heißt durch ihre Wiederholung verhindern, welche, so apathisch sie auch sei, nur eine wiederholte Rekonstruktion sowohl des unerträglichen Anblicks der Tugend ist als auch der durch diesen Anblick hervorgerufenen Schmähung.

Das Androgyne in der sadeschen Darstellung

Die wichtigsten Perversionstypen sind bei Sade im Allgemeinen nur durch Männer vertreten, wohingegen die denaturierten Frauen nicht in demselben Sinne als Verkörperung der Anomalie erscheinen. Der Mann, der traditionellerweise für sich allein die Reflexion ausübt, vertritt das vernünftige Geschlecht; darum ist auch er allein berufen, Zeugnis von der Unvernunft abzulegen.

Die Frau jedoch, so ungeheuerlich, so pervers, so von Sinnen sie auch sein mag, wird deswegen doch niemals als „anormal" in Betracht gezogen, da gerade die Normen besagen, dass die Frau von Natur aus keinerlei Denkvermögen, weder Gleichgewicht noch Maß besitzt und dass sie nichts als das unkontrollierte Sensible verkörpert, welches durch das von dem Mann vorgeschriebene Denken mehr oder weniger besänftigt wird. Je ungeheuerlicher, je verrückter sie ist, umso mehr ist sie gänzlich Frau – so wie es die traditionelle, stets von Misogynie gefärbte Vorstellung will. Dennoch verfügt sie über Kraftquellen, die der Mann niemals besitzen wird, die aber der Perverse mit ihr teilt.

Die von Sade entworfene integrale Ungeheuerlichkeit bewirkt auf der Stelle einen Austausch zwischen den beiden Geschlechtern in ihren spezifischen Eigenschaften.

Daraus folgt nicht nur eine symmetrische Umkehrung des Unterscheidungsschemas der beiden Geschlechter: auf der einen Seite aktive und passive Päderastie, auf der anderen Seite lesbische und tribadische Neigungen.

In der integralen Ungeheuerlichkeit, als didaktischer Entwurf der sensiblen Polymorphie betrachtet, stehen die beiden Vertreter der männlichen und weiblichen Art – in Bezug aufeinander – sich wie einem doppelten Modell gegenüber; jedes der beiden Geschlechter verinnerlicht dieses Modell nicht nur vermöge der ihnen beiden eigenen Ambivalenz, sondern durch eine Bereicherung dieser Ambivalenz.

Der Mann, nunmehr als Typus des sadeschen Perversen betrachtet, wenn er auch scheinbar den rationalen Primat bewahrt, erweist sich doch als Aussage des Sensiblen, und zwar in dem Sinne, dass das Sensible sich ihm in einer Perspektive des Geistes anbietet: in der Perspektive der Phantasie. Die Perversion, sagten wir anfänglich, insofern sie die Tatsache des Daseins durch eine Aufhebung der Lebensbedürfnisse bestätigt, entspräche einer Eigenheit des Seins, deren Sinn die Enteignung des eigenen Körpers und desjenigen des anderen wäre.

Ideologisch würde der integrale Atheismus, soweit er sich als Abschaffung eines absoluten Garanten der Normen versteht, diese *Enteignung* bekräftigen; denn durch die Unterdrückung des verantwortlichen und mit sich selbst identischen Körpers, unterdrückt er logischerweise auch die Identität des eigenen Körpers. Der Körper an sich ist das konkrete Produkt der – gemäß den Normen der Art vollzogenen – Individuation von Triebkräften. Da es sich hier um eine sprachliche Benennung handelt, kann man sagen, dass bei dem Perversen die Triebkräfte folgendermaßen sprechen: Die Sprache der Institutionen hat sich jenes Körpers bemächtigt, genauer noch der funktionellen Bedürfnisse *„meines"* Körpers, die am besten der Erhaltung der Art dienen; weiter hat sich die Sprache dem Körper, der „ich bin", mit Hilfe jenes anderen Körpers assimiliert – bis zu dem Punkt, dass „wir" von allem Anfang an durch die Institutionen enteignet worden sind: Der Körper wurde „mir selbst" nur in gewisser Weise verbessert wiedergegeben, das heißt, dass gewisse Kräfte ihm gänzlich entzogen, andere durch die Sprache bezwungen wurden, derart, dass „ich" „meinen Körper" nur noch im Namen der Institutionen besitze, deren Sprache in mir nur die Rolle eines Aufsichtsbeamten spielt. Die institutionelle Sprache hat „mich" gelehrt, dass dieser Körper, in dem „ich bin", der „meine" war. Das größte Verbrechen, das „ich" begehen könnte, wäre nicht so sehr, „seinen" Körper dem „anderen" zu entziehen; sondern „meinen" Körper von diesem durch die Sprache institutionalisierten „ich selbst" loszusagen. Auf dem Wege der Gegenseitigkeit werde „ich", was „ich" gewinne, da „mir selbst" ein Körper gehört, sogleich in Bezug auf den anderen verlieren, dessen Körper „mir" nicht gehört.

Die Vorstellung, einen Körper von anderer Beschaffenheit als den eigenen Körper zu haben, gehört offenbar in spezifischer Weise zur Perversion: Mag auch der Perverse die *Andersartigkeit* des fremden Körpers fühlen, besser noch fühlt er den Körper *des anderen gleichsam als eigenen*; und denjenigen, der normativ und institutionell sein eigener ist, wirklich *gleichsam als fremden*, das heißt fremd jener nicht untergeordneten Funktion, durch die er bestimmt wird. Um die Wirkung seiner eigenen

Gewaltsamkeit über den anderen erfassen zu können, *wohnt er zuvor im anderen*; in den Reflexen des anderen Körpers überprüft er diese Fremdheit: den Aufbruch einer fremden Kraft im Inneren „seiner selbst". Er ist zugleich drinnen und draußen.

Wie das? Nicht in erster Linie noch überhaupt im Rückgriff auf die Gewaltsamkeit, die bis zum Mord gehen kann, sondern durch die jedem gewaltsamen Akt vorangehende Phantasie, durch den Primat des Imaginären über das Rationale. Dieser Primat des Imaginären liegt in der Vergegenwärtigung selbst des Genusses, daher auch die Verdoppelung des Triebes bei der Projektion des eigenen Bildes: das heißt, durch die Ausbreitung des Genusses auf die von der Fortpflanzung ausgeschlossenen Organe, folglich durch die Untätigkeit funktioneller Organe zum Zweck nutzlosen Genusses.

Hier errichtet sich die der perversen Geste vorangehende Phantasie über den Wechselbeziehungen der Intensität, die die funktionelle Vernunft hat ausschließen müssen, um von der Unterordnung der Lebensbedürfnisse der Art ausgehend, ihre Position zu begründen. Während die Vernunft (die logische Sprache) zugleich Ausdruck und Garantie des Gleichgewichts ist, das die Art in ihren empirischen Gewohnheiten gefunden hat, erfasst die Phantasie die *Schemata* einer illusorischen Funktion, denen das *vorhandene Organ* die abwesende „funktionelle" – also ideale – Struktur ersetzt.

Es versteht sich von selbst, dass in diesen Schemata die Abwesenheit der vorgestellten Struktur in dem Sinne zur Erregung beiträgt, als die bestehende Struktur ein Terrain freigibt, welches *im Namen dessen, der abwesend ist*, der Schmähung unterzogen wird: So stellt sich die ideale Struktur des Androgynen dar.

Wenn die Gegenwart dieser imaginären Struktur im Perversen und die Lossagung seines Ich von seinem Körper so weit fortgeschritten sind, dass er mit Seinesgleichen – mit Männern – sich als Frau verhalten kann und selbst die weibliche Passivität stark empfindet, vermag er *aktiv* sich nur dann zu verhalten, wenn er den ihm gleichenden maskulinen Partner als Frau, oder die Frau selbst als Knaben behandelt.

Von diesem letzten Fall ausgehend, erarbeitet Sade eine Synthese vom Trugbild des Androgynen: weniger des Mannweibes als des Weibmannes. So hat er seine *Juliette* gesehen. In Umkehrung zum Mann, insbesondere des sadeschen Perversen, der in seiner integralen Ungeheuerlichkeit das Sensible definiert, *spricht aus der sadeschen Heldin die Vernunft*. Da sie sich ihrer nur bedient, um sich des Sensiblen besser bemächtigen zu können und sie sich ihrem Ursprung und der Tradition noch normengemäß verhält, bemächtigt sie sich des Sensiblen nur so weit, wie sie in der Insensibilität fortschreitet und derart das vollkommene Beispiel apathischer Moral liefert. Die apathische Moral ist eine der geheimen Kraftquellen der Frau, hier als Doktrin eingeführt: Der fraulichen Frigidität abgelauscht, erweist sie sich als deren methodische Anwendung. Schließlich und vor allem ist es die sadesche Heldin, die den Atheismus zu seiner Integralität führt: Sie spaltet ihn von der normativen und anthropomorphen Vernunft ab, um das Denken selbst für das experimentelle Feld der Ungeheuerlichkeit zu befreien.

Die Abschaffung der Normen, die dieses Denken einschließt, ist ihr wichtiger als dem Perversen, für den die Normen nur noch als Ruinen fortbestehen; denn als Frau bleibt sie ihnen doch zumindest organisch unterworfen, vor allem durch ihre Befruchtbarkeit. Umso mehr sucht sie in der Apathie die Richtlinie ihres Verhaltens, deren erste Folge die Ausrottung jeden mütterlichen Instinktes ist: Hier noch bestätigt sich die Tatsache, dass die Normen selbst (in diesem Fall körperliche) Kräfte strukturieren, die sie später wieder zerstören. „Normalerweise" prostituierbar, „normalerweise" lasterhaft, „normalerweise" lesbisch und tribadisch, ist es wiederum die Vernunft, ihr praktischer Sinn, der ihr vorschreibt, alles dieses kaltblütig zu sein; und als solche lernt sie die perversen an ihrem eigenen Körper vollzogenen Handlungen kaltblütig zu ertragen, eine männliche Energie zu entfalten, sich als Kallipygos gebrauchen zu lassen.

Juliette bietet sich dem sadeschen Perversen als Trugbild dessen an, was die sodomitische Handlung bezeichnet: In dieser Figur, die durch die Umkehrung der sensiblen Passivität in aktiven Erkenntniswillen geformt wurde, findet der beispielhafte Akt der Überschreitung das ihn ergänzende Bild.

Wieso die sadistische Erfahrung die konventionelle Form seiner Mitteilung unlesbar macht

Im Vorhergehenden habe ich versucht, den *interpretativen* Charakter, den Sade von seiner eigenen Erfahrung gibt, zu überprüfen. Diese schien sich auf ein doppeltes Experiment zu erstrecken: das der Vergegenwärtigung des Sensiblen in einer abwegigen Handlung und das der beschriebenen Vergegenwärtigung. Von hier aus scheint es jetzt angebracht, zu dem Faktum zurückzukehren, dass Sade ein „Œuvre" hinterlassen hat: Welchen literarischen Charakter besitzt es und worin unterscheidet sich seine Besonderheit nicht nur von dem zeitgenössischen literarischen Kontext, sondern von allem, was sich in ihm als Literatur definiert. Ist es wesentlich modern oder entzieht es sich auch solcher Bezeichnung? Wir wollen die oben gestellte Frage enger fassen: Was hat es mit der *durch die Schrift vollzogenen Verwirklichung des Sensiblen in einer abwegigen Handlung* und mit dem Bezug zwischen dieser Verwirklichung und der von ihrer Beschreibung unabhängigen *Ausführung der Handlung auf sich?*

Da es sich um eine persönliche Erfahrung handelt, die ihrer Natur nach dazu verdammt war, nicht-mittelbar zu bleiben, entschloss sich Sade, sie in die konventionelle Form jeder Art von Kommunikation zu übersetzen: Die konventionelle Kommunikation aber wird in dem Moment unlesbar, da die inkommunikable Erfahrung *sich behauptet*; und umso lesbarer, wenn *dieselbe Erfahrung* wieder verschwindet. Worin macht denn die sadesche Erfahrung ihre konventionelle Kommunikationsform unleserlich? Insofern sie gänzlich auf die Wiederholung gegründet ist. Die Wiederholung zielt darauf, eine Ekstase hervorzurufen; diese Ekstase selbst kann durch die Sprache nicht wiedergegeben werden; was die Sprache beschreibt, sind die Wege, die Anordnungen, die die Ekstase vorbereiten. Was dabei aber nicht zu Tage tritt, ist, dass Ekstase und Wiederholung ein und dasselbe sind. Das Faktum der Wiederholung und das der zu erlebenden Ekstase sind *zwei* Aspekte in der Beschreibung. Für den Leser bleiben nur die beschriebene Wiederholung und der ganz äußerliche Aspekt der Ekstase: Der beschriebene Orgasmus, der eine Imitation der Ekstase ist.

Sade scheint sich einen Leser vorzustellen, den er ständig durch das Versprechen eines neuen Taumels in Atem halten muss; der Leser aber sehnt sich schließlich auf

Kosten seiner Lektüre nach einer Art von Nachlassen der Aufmerksamkeit, die das Ganze des Textes doch gerade aufrechterhalten wissen will; ein Nachlassen des doch so mühsam verfolgten Gedankens. Hier drängt sich ein Vergleich zwischen dem Faktum zu schreiben und dem Prinzip der apathischen Wiederholung der Handlungen auf. Dieses Prinzip berührt unmittelbar Sades literarische Ausdrucksweise und betrifft eben jenes scheinbar nicht Literarische, will sagen das, was sie an Unleserlichem im weitesten Sinne enthält. Die apathische Wiederholung übersetzt Sades eigenen Kampf, seine nicht weiter rückführbare Erfahrung zu erfassen. Sie bestimmt den Kern dieser Erfahrung: Die durch die Schrift vollzogene Vergegenwärtigung der abwegigen Handlung entspricht der apathischen Wiederholung dieser – unabhängig von ihrer Beschreibung – ausgeführten Handlung. Das Schreiben schafft durch die Verwirklichung der Handlung die Ekstase des Gedankens; wiederholt sich diese auf der Ebene der Sprache, so koinzidiert sie mit der wiederholten Überschreitung der fiktiven Protagonisten insofern, als die logisch strukturierte Sprache, mittels derer Sade sich ausdrückt – mit demselben Anspruch wie die Normen – für ihn zum *Terrain* der Schmähung wird.

Sade bedient sich dieser Sprache auch darum, weil sie schon im Voraus den eigentlichen Kern seiner Erfahrung strukturiert hatte, sodass er, wenn er in seinen Schriften davon Rechnung ablegen wollte, ihn nur gemäß den Gesetzen dieser Sprache erfassen konnte, das heißt indem er diese Gesetze überschritt; und das niemals anders als durch die Reproduktion dieser Gesetze selbst *in* ihrer Überschreitung. Ist es also die logische Struktur der Sprache, die die Wiederholung der Schmähung verlangt, oder ist es der Kern seiner Erfahrung? Gewiss der bereits durch die Sprache strukturierte Kern, doch indem er seine Logik von der ausschweifenden Handlung ausgehend neu strukturiert.

Die traditionelle Sprache, derer Sade sich mit blendender Kraft bedient, diese Sprache kann alles hinnehmen, was ihrer logischen Struktur konform ist; und sie geht daran, alles, was diese Struktur zerstören könnte, zu berichtigen, zu zensieren, auszuschließen, zu verschweigen: das heißt, den Un-Sinn.

Die Abartigkeit *beschreiben* heißt, in positiver Weise die Abwesenheit der Elemente anzuzeigen, die bewirken, dass eine Sache, ein Zustand, ein Wesen nicht konsistent ist. Dennoch ist es diese logische Struktur, die Sade akzeptiert und ohne Diskussion beibehält: mehr noch, er entwickelt sie, systematisiert sie bis zur Schmähung. Er schmäht sie, weil er sie nur beibehält, um aus ihr eine Dimension der Abartigkeit zu machen, nicht weil die *Abartigkeit in ihr beschrieben würde*, sondern weil die *abwegige Handlung in ihr reproduziert wird.*

Die abwegige Handlung derart zu reproduzieren, läuft darauf hinaus, die Sprache als Möglichkeit zum Handeln auszugeben; daher das Einbrechen der *Nicht-Sprache* in die Sprache.

Als Sueton die ausschweifenden Handlungen Caligulas oder Neros beschrieb, tat er es nicht, um *mittels seines Textes* jenseits dieser Menschen *die Möglichkeit ihrer Handlungen zu behaupten*, noch um seinen Text mit der Behauptung dieser Möglichkeit zu identifizieren.

Sades Text erhält und nährt die Möglichkeit der ausschweifenden Handlung, insoweit die Schrift sie verwirklicht. Gleichwohl hat die *Verwirklichung durch die Schrift* den Wert einer Zensur, die Sade sich selbst im Hinblick auf die ausführbare Handlung auferlegt, unabhängig von ihrer Beschreibung: Das Bild der abwegigen Handlung ist fürs Erste zur logisch strukturierten Abweichung geworden. Doch, derart im Diskurs strukturiert, erschöpft die Ausschweifung die Reflexion: Die Worte werden wieder das, was der Diskurs sie einen Moment lang gehindert hatte zu sein, sie zeigen wieder Neigung zur Handlung, die das Bild ihres Vollzugs in seiner Stummheit wiederherstellt. Warum in seiner Stummheit? Weil das *Motiv* der zu vollziehenden Handlung, die Schmähung, *sich* in dieser Art von Verewigung der Möglichkeit einer Handlung durch das Wort oder den Satz des Diskurses *nicht wiedererkannt hat*. Während der Diskurs ihr Bild erhöhte, begrub er die zu begehende Handlung. So zerstört die Neigung zur abwegigen Handlung jenes begräbnishafte Bild und heischt von Neuem, ihrem Motiv Gehorsam zu leisten. Überstürzt provoziert sie von Neuem die Beschreibung der Handlung, die hier *für* die reale Ausführung *steht*, doch nur als eine stets *wiederbegonnene* für solche stehen kann.

Der Parallelismus zwischen der apathischen Wiederholung der Handlung und der beschreibenden Wiederholung durch Sade bestätigt, dass das Bild der *zu vollziehenden Handlung* sich jedes Mal wieder vor-stellt, nicht nur, als sei diese noch niemals ausgeführt, sondern auch *niemals beschrieben* worden. Derselbe Prozess, der die Gegenwärtigkeit der *Nicht-Sprache* in die Sprache einschreibt, nämlich die *Ausschließung* der Sprache durch sich selbst, ist umkehrbar.

„Ausschließung" will sagen, dass etwas außerhalb bleibt. Dieses Etwas, das, noch einmal, außerhalb bleibt, ist die *zu vollziehende Handlung*, die, *je weniger sie vollzogen wird*, desto *heftiger* an die Tür *klopft*. An welche Tür, wenn nicht an die der literarischen Leere? Diese Klopfzeichen sind die

Worte Sades, die, wenn sie auch derzeit im Inneren der Literatur widerhallen, darum nicht weniger von außen gemachte Zeichen bleiben. Dieses Außen aber enträt von sich aus jeden Kommentars. Erst durch Sade gelangt es dazu, sich so zu kommentieren, als ob es sich im Inneren des Gedankens erzeuge, und gerade das verleiht den sadeschen Texten ihre Originalität.

Lesen wir etwa Sade, wie wir Laclos, Stendhal oder Balzac lesen? Offenbar nicht! Am Fuße der Seiten von *Glanz und Elend der Kurtisanen* wird man umsonst nach Anmerkungen suchen, die Formeln oder Rezepte über Kunstgriffe oder Verfahren im Alkoven enthalten.

Doch in der *Juliette* begegnen wir hier und dort dieser Art vollkommen pragmatischer Anmerkungen. Vielleicht wurden manche aus kommerziellen Gründen hinzugefügt. Vielleicht sind sie nicht einmal von Sades Hand. Doch stehen sie in den Ausgaben zu seinen Lebzeiten. Falsche Scham wäre es, sie aus dem Text entfernen zu wollen. Sie sind eins mit der Absicht des Buches. Ihnen mangelndes literarisches Interesse vorzuwerfen hieße, nichts von der sadeschen Originalität zu begreifen. Diese pragmatischen Hinweise sind Ausdruck seiner reinsten Ironie. Die Ironie aber ist nur sinnvoll, wenn die Anmerkungen tatsächlich einen pragmatischen Wert haben. In jedem Fall sind sie ein Indiz des Außen, und dieses Außen ist keineswegs das Innere des Boudoirs, in dem es sich philosophieren ließe, es ist vielmehr das Innere des Denkens, das durch *nichts* vom Boudoir getrennt wird.

Übrigens ist dieser Terminus keineswegs polemisch gemeint, denn bei Sade bezeichnet er die blutige Höhle des Zyklopen, dessen einziges Auge das Auge des gefräßigen Gedankens ist.

So verleiht die Ausschließung der Sprache durch sich selbst dem sadeschen Werk seine einzigartige Gestalt; zunächst ein Komplex von Erzählungen, Diskursen; dann von Gemälden, die nur um ihrer verhohlenen Einladung willen lohnen, sich draußen anzusehen, was nicht im Text zu halten ist, während es doch nirgends anders als nur im Text etwas zu sehen gibt; gleichsam ein riesiges Expositionsgelände im Herzen der Stadt, eins geworden mit der Stadt, wo man unmerklich von den ausgestellten Objekten zu den Objekten hinüberwechselt, die sich einem zufällig stellen, ohne dass sie ausstellbar wären; und man erst im letzten Moment darauf kommt, dass es eben jene sind, zu denen die Flure der Ausstellung führen.

Sade – mein Nächster

Sade und die Revolution

I.

Die Französische Revolution konnte anscheinend nur durch eine vielfache Kombination von widersprüchlichen Forderungen ausbrechen: Wenn sich schon zu Beginn die vorhandenen psychischen Kräfte miteinander verbunden hätten, wäre ihre einmütige Mobilisierung niemals zustande gekommen. Erst durch eine Art Vermischung von zwei unterschiedlichen Kategorien von Forderungen konnte eine subversive Atmosphäre entstehen. Zwei Gruppen lagen miteinander im Wettstreit: Einerseits die amorphe Masse der Durchschnittsmenschen, die ein soziales Regime forderten, in dem sich die Idee des *Naturmenschen* beweisen sollte – der Naturmensch war hier nichts anderes als die Idealisierung des normalen Menschen im Feudalsystem, ein Ideal, das besonders für den Teil des Volkes anziehend war, der bis dahin unter dem Niveau des normalen Menschen gelebt hatte – und andererseits eine Kategorie von Menschen, die, weil sie zu den herrschenden Klassen gehörten und ein höheres Lebensniveau hatten, gerade aufgrund der Ungerechtigkeit dieses Lebensniveaus den höchsten Grad von Aufgeklärtheit entwickeln konnten. Diese Menschen – aufgeklärte Großbürger oder Aristokraten, Träumer oder systematische Denker, Libertins des Kopfes oder der

Praxis – konnten den Inhalt ihres schlechten Gewissens objektivieren: Sie wussten, dass ihre Existenz ebenso wie die Problemstruktur, die sie innerlich entwickelt hatten, moralisch etwas Zufälliges hatte. Während die einen wünschten, sich im Laufe der sozialen Umwälzungen zu erneuern und in ihnen ihre Erfüllung zu finden (wie im Fall von Chamfort), strebten andere dagegen danach, ihre eigene Problemstruktur als universelle Notwendigkeit zu bestätigen, und erwarteten von der Revolution, dass sie eine totale Umgestaltung der Struktur des Menschen mit sich bringe; das ist zumindest der Fall bei Sade, der vom Bild des integralen Menschen und polymorpher Sinnlichkeit besessen war.

Es gab in der Revolution eine Phase kollektiver Inkubation, während der die ersten Überschreitungen, zu denen die Massen sich hinreißen ließen, den Eindruck erweckten, das Volk sei nun zu allen möglichen Abenteuern bereit. Diese ganz und gar vorläufige Phase psychischer Regression versetzte die libertinen Geister in eine Art Euphorie: Die gewagtesten Produkte des individuellen Denkens hatten eine gewisse Chance, in die Praxis umgesetzt zu werden. Das, was diese Geister aufgrund des Zersetzungsgrades, den sie individuell erreicht hatten, hatten heranreifen lassen, schien ihnen jetzt bereit, in fruchtbaren Boden gesät werden zu können. Sie konnten sich nicht klar machen, dass sie im Gegenteil bereits eine verfaulte Frucht waren, die sich gewissermaßen vom Baum des Gesellschaftlichen löste; sie sollten fallen, weil sie ein Ende und kein Beginn waren, der Endpunkt einer langen Entwicklung; sie hatten vergessen, dass der Boden nur Samenkörner aufnimmt, das heißt, den Teil des Weltwissens, der ihr Beispiel für die Nachwelt aufhebt. Ihr Traum, einer Menschheit zum Leben zu verhelfen, die mit ihnen selbst identisch wäre, steht im Widerspruch zur Grundlage ihrer Reife oder Aufgeklärtheit; und nur durch Krisen, die denen gleichen, die sie durchgemacht haben, können andere Individuen, die ebenso wie sie ein Abfallprodukt des kollektiven Prozesses sind, sich mit ihnen auf der gleichen Stufe von Aufgeklärtheit zusammenschließen und eine wirkliche Abstammungslinie bilden.[1]

Aber in dem Maße, wie die brutalen und unvorhersehbaren Entscheidungen der Massen eingriffen und die Hypostasen neuer Gruppierungen Gestalt annahmen und Gesetz wurden, während die moralischen und religiösen Instanzen der alten Hierarchie sich ihres Inhaltes entleerten, fanden diese zwiespältigen Menschen sich plötzlich entwurzelt und desorientiert. Und zwar deshalb, weil sie ganz eng mit den heiligen Werten verbunden waren, die sie verhöhnten, und weil ihre Libertinage nur auf dem Lebensniveau von Bedeutung war, das sie in der gescheiterten Gesellschaft einnahmen. In dem Augenblick, wo der Thron gestürzt war und der abgeschnittene Kopf des Königs geohrfeigt wurde, wo die Kirchen geplündert und das Sakrileg etwas ganz Alltägliches geworden war, das man massenhaft beging, wurden diese Immoralisten zu Sonderlingen. Sie erschienen als das, was sie wirklich waren: Symptome der Auflösung, die paradoxerweise die Auflösung überlebt hatten und die sich nicht in den Wiederaufbauprozess integrieren konnten, den die Hypostasen eines souveränen Volkes, des Allgemeinwillens etc. in den Bewusstseinen in Gang setzten. Es genügte, dass diese Menschen vor dem Volke aufstanden und ihm die grundlegende Notwendigkeit des Sakrilegs, des Massakers und der Vergewaltigung zum System erhoben, um die Masse in dem Moment, wo sie all diese Verbrechen beging, dazu zu bringen, sich gegen diese Philosophen zu wenden und sie mit nicht geringerer Befriedigung in Stücke zu reißen.

Daraus ergibt sich in erster Linie anscheinend folgendes unlösbare Problem: Der privilegierte Mensch, der durch soziale Umwälzungen den höchsten Bewusstseinsgrad erreicht hat, ist absolut unfähig, die gesellschaftlichen Kräfte von seiner Aufgeklärtheit profitieren zu lassen. Anders gesagt: Dieser Mensch ist nicht in der Lage, auch nur für einen Augenblick die Individuen der amorphen Masse, die dennoch reich an Möglichkeiten ist, mit sich in Einklang zu bringen; die moralisch fortgeschrittene Position, die er innehat, scheint er zum Nachteil der revolutionären Masse einzunehmen. Aus der Sicht ihrer Selbsterhaltung hat die Masse recht; jedes Mal, wenn der menschliche Geist eine so bissige Physiognomie wie von Sade annimmt, läuft er Gefahr, das Ende der gesamten menschlichen Lebensbedingungen zu beschleunigen. Aber die Masse hat unrecht, weil sie nur aus Individuen besteht, weil das Individuum die Gattung wesentlich repräsentiert und weil nicht einzusehen ist, warum die Gattung den Gefahren entgehen sollte, die der Erfolg eines Individuums für sie mit sich bringen würde.

Je erfolgreicher dieses Individuum ist, um so mehr vereinigt es die diffusen Energien seiner Epoche in sich und um so gefährlicher ist es für diese Epoche; aber je mehr es diese diffusen Energien in sich vereinigt, um sie in die Waagschale seines eigenen Schicksals zu werfen, umso mehr trägt es zur Befreiung der Epoche bei. Sade machte die virtuelle Kriminalität seiner Zeitgenossen zu seinem persönlichen Schicksal, er allein wollte sie im Ausmaß der Kollektivschuld sühnen, die sein Bewusstsein auf sich genommen hatte.

Im Gegensatz dazu haben Saint-Just und Bonaparte es verstanden, all das, was die Epoche in ihnen angehäuft hatte, auf ihresgleichen abzuwälzen. Aus der Sicht der Massen waren sie völlig gesunde Menschen; und sie selbst wussten, dass die Massen den besten Beweis für die Gesundheit eines Menschen in seiner Entschlossenheit sehen, sie zu opfern. Sade ist aus der Sicht der Massen offensichtlich ein kranker Mann: Weit davon entfernt, irgendeine moralische Befriedigung in der revolutionären Entfesselung zu finden, war er fast geneigt, das legalisierte Gemetzel der Terrorherrschaft als eine Karikatur seines Systems zu empfinden. Während seiner Haft in Picpus, unter Robespierre, beschrieb er seinen Aufenthalt folgendermaßen: *„Ein irdisches Paradies – ein schönes Haus, ein wunderbarer Garten, gewählte Gesellschaft, liebenswürdige Frauen. Aber plötzlich verlegte man den Exekutionsort genau vor unserm Fenster und machte unseren Garten zum Friedhof für die Guillotinierten. Wir haben innerhalb von fünfunddreißig Tagen, mein teurer Freund, tausendachthundert begraben, ein drittel davon stammte aus unserem unglückseligen Haus.“*[2]

Und später: *„Außerdem geht es mir gar nicht gut. Die nationale Haft mit der Guillotine vor den Augen hat mir hundertmal mehr geschadet als alle denkbaren Bastillen es hätten tun können.“*[3] Daher auch das Bedürfnis, in seinen Schriften ständig zu übertreiben. Nicht etwa nur, weil er endlich das Recht hatte, alles zu sagen, sondern um in irgendeiner Form das reine Gewissen zu haben, den von der Revolution proklamierten Wahrheiten ein Dementi entgegengestellt zu haben, schrieb er damals die packendste Fassung seiner *Justine*. Der geheime Antrieb der revolutionären Masse sollte auf irgendeine Weise offen zu Tage treten. Und das geschah durchaus nicht bei ihren politischen Demonstrationen, denn selbst wenn man prügelte, ersäufte, aufhängte, plünderte, brandschatzte und vergewaltigte, so immer nur im Namen des souveränen Volkes.

Sades Beharrlichkeit, sein ganzes Leben lang nichts anderes als die perversen Formen der menschlichen Natur zu studieren, zeigt, dass ihm nur eines wichtig war: Die Notwendigkeit, dem Menschen alles Böse, dessen er fähig ist, vor Augen zu halten. Der republikanische Staat gibt vor, für das öffentliche Wohl zu sorgen: Aber wenn es auch klar ist, dass er das Gute nicht zur Vorherrschaft bringen kann, so vermutet doch keiner, dass er in seinem Inneren die Keime des Bösen enthält; unter dem Vorwand, das Aufblitzen der Keime des Bösen zu verhindern, glaubt das neue gesellschaftliche Regime, das Böse besiegt zu haben; und gerade das bildet eine permanente Bedrohung: Das Böse, das, auch wenn es niemals ausbricht, jederzeit ausbrechen kann. Diese Möglichkeit des Bösen, das niemals ausbricht, aber ständig ausbrechen kann, ist die Möglichkeit, die Sade ständig Angst macht. Daher muss das Böse ein für alle Mal ausbrechen, das Unkraut muss aufblühen, damit der Geist es ausreißen und ausrotten kann. Mit einem Wort, das Böse muss auf der Welt ein für alle Mal zur Vorherrschaft gebracht werden, damit es sich selbst zerstört und Sades Geist endlich seinen Frieden findet. Aber an diesen Frieden ist nicht zu denken, es ist sogar unmöglich, nur einen Augenblick von ihm zu träumen, da jeder Augenblick von der Bedrohung durch das Böse erfüllt ist, solange die Freiheit sich weigert anzuerkennen, dass sie nur durch das Böse lebt, und vorgibt, für das Gute da zu sein.

Sade musste die Jakobinerrevolution zwangsläufig als einen abscheulichen Konkurrenten ansehen, der seine

Ideen verunstaltete und sein Vorhaben kompromittierte. Wollte Sade die Herrschaft des integralen Menschen etablieren, so wollte die Revolution den Naturmenschen zum Leben erwecken. Für diesen Naturmenschen setzte die Revolution all jene Kräfte ein, die im Grunde zum integralen Menschen gehörten und eigentlich zu seiner Entfaltung beitragen sollten. Für den integralen Menschen gibt es keinen schlimmeren Feind als Gott. Wenn man den König, den weltlichen Vertreter Gottes, tötet, hat man im Bewusstsein der Individuen zugleich Gott getötet, und dieser unvorstellbare Mord kann nur eine unvorstellbare Konsequenz haben: die Heraufkunft des integralen Menschen. So trägt der integrale Mensch den Stempel des Verbrechens, des furchtbarsten aller Verbrechen: Königsmord. Sade schreibt: *„Hier drängt sich ein einzigartiger Gedanke auf, aber da er trotz seiner Kühnheit wahr ist, spreche ich ihn aus. Eine Nation, die sich von Anfang an republikanisch regiert, kann sich nur durch Tugenden aufrecht halten, weil man um zu Höherem zu gelangen, immer mit dem Niedrigen beginnen muss;* aber eine schon alte, verdorbene Nation, die entschlossen das Joch der monarchistischen Regierung abwirft, um eine republikanische Regierungsform anzunehmen, kann sich nur durch viele Verbrechen erhalten; denn sie befindet sich schon im Zustand des Verbrechens, *und wenn sie vom Verbrechen zur Tugend übergehen wollte, das heißt, von einer gewalttätigen zu einer sanftmütigen Verfassung, würde sich in eine Trägheit verfallen, deren sicheres Resultat Ruin wäre.“*

Für Sade ist die Revolution, die *die alte und verdorbene Nation* abschafft, in keiner Weise eine Chance zur Erneuerung; es geht keineswegs darum, das glückliche Zeitalter der natürlichen Unschuld wiederherzustellen, wenn die Nation einmal ihre aristokratische Klasse beseitigt hat. Das Regime der Freiheit konnte und sollte für Sade tatsächlich nicht mehr und nicht weniger als die auf die Spitze getriebene monarchistische Verdorbenheit sein. *„Eine schon alte und verdorbene Nation"*, das heißt, die schon einen bestimmten Grad von Kriminalität erreicht hat, *„wird entschlossen ihr monarchistisches Joch abwerfen"*, das heißt, dass genau der Grad von Kriminalität, auf den sie ihre alten Herren gebracht haben, sie dazu befähigt, den Königsmord zu begehen, um eine republikanische Regierungsform anzunehmen: also einen gesellschaftlichen Zustand, der durch die Ermordung des Königs einen höheren Grad von Kriminalität erreicht. Die revolutionäre Gemeinschaft wäre demnach im Grunde heimlich, aber eng mit dem moralischen Zerfall der monarchistischen Gesellschaft verbunden, denn aus diesem Zerfall haben die Mitglieder die Kraft und die notwendige Energie zu blutigen Entscheidungen bezogen. Und was bedeutet hier Verdorbenheit, wenn nicht den Grad der fortgeschrittenen Entchristianisierung der Gesellschaft zu Sades Zeit; wo hatte die Praxis der ungehemmten Willkürherrschaft ihre Grundlagen, wenn nicht im Atheismus oder zumindest im tiefsten Skeptizismus.

In dem Maße, wie dieser moralische Skeptizismus und dieser Atheismus aus Provokation oder Überzeugung sich in der monarchistischen Gesellschaft ausbreiten, erreicht diese einen Grad von Zersetzung, in dem die feudalen Beziehungen von Grundherr und Diener, die durch die theologische Hierarchie geheiligt wurden, virtuell schon zerstört sind; die antike Beziehung von Herr und Sklave wird in der Tat wiederhergestellt.

II. Auflösung des theokratischen Feudalismus und Geburt des aristokratischen Individualismus

Zwischen der Sklaverei in der Antike und der Revolution hat sich im Abendland die theokratische Hierarchie etabliert, ein Versuch der Kirche, die vorhandenen gesellschaftlichen Kräfte in eine Ordnung zu bringen, die jeder Kategorie von Individuen ihre moralische Bedeutung sichern sollte. Die theokratische Hierarchie sollte dem antiken Gesetz des Dschungels ein Ende machen. Der nach dem Vorbild Gottes geschaffene Mensch konnte nicht den Menschen ausbeuten. Jeder Mensch war ein Diener Gottes. Am Giebel der theokratischen Hierarchie steht der Spruch geschrieben: *Gottesfurcht ist der erste Schritt zur Weisheit.* Der von Gott eingesetzte König ist sein weltlicher Diener. Der vom König eingesetzte Feudalherr ist der Diener des Königs. Und jeder Mensch, der sich als Diener seines Herrn bekennt, ist Diener Gottes. Die Hierarchie weist dem Feudalherrn militärische, juristische und soziale Funktionen zu, mit denen er vom König belehnt wird und die für ihn Verpflichtungen gegenüber dem König und dem Volk beinhalten. Aber die Ausübung dieser Funktionen sichert ihm das Recht auf die Dankbarkeit und Treue seines Vasallen und Dieners. Der Diener wiederum, der sich unter den Schutz seines Feudalherrn begeben hat, dem er Huldigung und Treue entgegenbringt, beweist damit seinen Glauben an seinen Gott und an seinen König. So erfüllt er auf der untersten Stufe der Hierarchie seinen individuellen Sinn, weil er Teil eines Gebäudes ist, dessen Schlussstein Gott ist. In dem Maße, wie der König mehr und mehr die Macht konzentriert, während der Feudalherr immer mehr seine Aufgaben vernachlässigt, befreit sich Letzterer nicht nur von seinen Pflichten gegenüber dem König, sondern beansprucht auch noch die Beibehaltung der Privilegien und Rechte, die aus ihnen hervorgingen; es genügt nun, dass der Feudalherr eine eigene Lebensweise entwickelt und dass er seinen Privilegien die Form von Genuss gibt, für die er weder Gott noch sonst jemandem Rechenschaft schuldig ist (am allerwenigsten seinem Diener), es genügt, dass der Feudalherr die Existenz Gottes anzweifelt, um das ganze Gebäude ins Wanken zu bringen – und in den Augen des Dieners verliert die Tatsache, auf der untersten Stufe der gesellschaftlichen Hierarchie zu dienen, jeden Sinn. Wenn nun der Feudalherr das Gebäude der theokratischen Hierarchie anscheinend nur aufrechterhält, um ein müßiges Leben zu führen, also ein Leben, das die reine Negation dieser Hierarchie ist, ein Leben, das darin besteht zu demonstrieren, dass Gottesfurcht der Beginn des Wahnsinns ist – dann kehrt schließlich das Gesetz des Dschungels mit voller Kraft zurück: Die Voraussetzungen des antiken Verhältnisses von Starken und Schwachen, von Herr und Sklave werden wiederhergestellt.

Und insbesondere der libertine Feudalherr ist am Vorabend der Revolution nur noch ein Herr, der sich zwar als rechtmäßiger Besitzer der Macht fühlt, der aber auch weiß, dass er sie jederzeit verlieren kann und virtuell schon ein Knecht ist. Da er in seinen eigenen Augen nicht mehr über eine unbestrittene Autorität verfügt, aber dennoch den Instinkt für sie bewahrt hat, und da sein Wille nichts Heiliges mehr hat, übernimmt er die Sprache der Menge. Er bezeichnet sich als Wüstling, sucht Argumente bei den Philosophen, liest Hobbes, d'Holbach und La Mettrie. Als Mensch, der nicht mehr an das göttliche Recht glaubt, versucht er, seine privilegierte Stellung durch die allen zugänglichen Spitzfindigkeiten der Vernunft zu rechtfertigen. In dieser Situation nimmt der libertine Feudalherr – wenn er nicht entschieden atheistisch ist – seine eigene Existenz als Provokation Gottes und zugleich als Provokation des Volkes wahr. Wenn er aber entschieden atheistisch ist und nach Belieben über das Leben seines Dieners verfügt und einen Sklaven, ein Objekt für seine Gelüste aus ihm macht, gibt er dem Volk zu verstehen, dass er Gott in seinem Bewusstsein getötet hat und dass seine Vorrechte nur in der straflosen Ausübung des Verbrechens bestanden. Der Mensch, der auf der untersten Stufe der Hierarchie Gott im Akt des Dienens erreichte und der in den Stand eines Sklaven herabgesunken ist, als Gott an der Spitze der Hierarchie starb, bleibt solange ein Diener ohne Herrn, wie Gott in seinem Bewusstsein lebendig ist. Er wird nur soweit wirklich zum Sklaven, wie er den Tod Gottes in seinem eigenen Bewusstsein empfindet und trotzdem weiter dem gehorcht, der tatsächlich der Herr ist; und er wird nur dann virtuell zum Herrn, wenn er – nachdem er sich mit dem Mord Gottes, der an der Spitze der Hierarchie begangen wurde, einverstanden erklärt hat – nun den Herrn vernichtet, um selbst zum Herrn zu werden.

Der Diener, der durch den Atheismus oder durch die gottlose Lebensweise seines Herrn zum Sklaven wurde, revoltiert in der Tat. Er akzeptiert also den Tod Gottes. Wenn er aber so weit geht, seinem Herrn den Prozess zu machen, in wessen Namen wird er das tun, wenn nicht im Namen des Vorrechts des Verbrechens? Er kann nichts anderes tun, als sogleich zum Komplizen der Revolte seines Herrn gegen Gott zu werden und seinerseits das Verbrechen auf sich zu nehmen. Der Prozess kann nur so enden, dass die Sklaven die Vorrechte der Herren übernehmen –

und das, indem sie mit der Tötung der Herren beginnen. So sieht also, wie es scheint, der Circulus vitiosus dieser verfänglichen These aus, die besagt, dass *eine Nation, die ihr monarchisches Joch abgeworfen hat, sich nur durch Verbrechen aufrechterhalten kann, weil sie sich schon im Verbrechen befindet*; ein Circulus vitiosus, in den Sade die Revolution einschließen will.

Die Republik kann, kurz gesagt, niemals beginnen; die Revolution ist nur solange wirklich Revolution, wie sie Monarchie im permanenten Aufstand ist. Ein heiliger Wert kann nur mit Füßen getreten werden, wenn man ihn unter den Füßen hat. Das theokratische Prinzip wird nicht in Frage gestellt: Ganz im Gegenteil bestimmt es die Terminologie Sades. Was sollte sonst das Wort Verbrechen bedeuten?

III. Der Königsmord als Simulakrum der Tötung Gottes

Die Tötung des Königs durch die Nation ist also nur die letzte Phase des Prozesses, dessen erste Phase die Tötung Gottes durch die Revolte der libertinen Feudalherren war. Die Hinrichtung des Königs wird so zum Simulakrum der Tötung Gottes. Wenn die Konventsmitglieder, nachdem sie den König, dessen Person bis zur Aufhebung der Monarchie unverletzlich war, verurteilt haben, aufgerufen sind, sich für oder gegen das Todesurteil auszusprechen, dann kann und wird die Argumentation, die die Mehrheit der Stimmen zugunsten der Todesstrafe auf sich vereinigt, nur ein Kompromiss zwischen dem juristischen und dem politischen Gesichtspunkt sein. Es gab nur wenige, die die dem monarchistischen Europa entgegengeschleuderte Herausforderung auf sich nahmen und wie Danton zu sagen wagten: *Wir wollen den König nicht verurteilen, wir wollen ihn töten.* Selbst Saint-Just, der vor allem damit beschäftigt war, der Nation ein solides Rechtsgefühl einzuflößen, bestätigte, dass es sich weniger darum handelte, den König zu verurteilen als darum, ihn als Feind zu bekämpfen, weil man nicht unschuldig regieren kann. Aber es sollte Robespierre sein, der – im Bewusstsein der Notwendigkeit, einen neuen Begriff des öffentlichen Rechts zu schaffen – das Dilemma auf entscheidende Weise beschrieb: *„Es gibt hier keinen Prozess zu führen. Ludwig ist kein Angeklagter. Ihr seid keine Richter. Ihr seid lediglich Vertretet des Staates und Repräsentanten der Nation und könnt auch nichts anderes sein. Ihr habt kein Urteil für oder gegen einen Menschen zu fällen, sondern eine Maßnahme zum öffentlichen Wohl zu ergreifen, eine Maßnahme zum Schutz der Nation durchzuführen. Wenn Ludwig tatsächlich noch Gegenstand eines Prozesses sein kann, dann kann er auch freigesprochen werden; er kann unschuldig sein, was sage ich: Er wird solange als unschuldig betrachtet, bis er abgeurteilt ist; aber wenn Ludwig freigesprochen wird, wenn er für unschuldig gehalten werden kann, was wird dann aus der Revolution? Wenn Ludwig unschuldig wäre, so wären alle Verteidiger der Freiheit Verleumder; dann wären die Rebellen Freunde der Wahrheit und Verteidiger der unterdrückten Unschuld …"* Und Robespierre folgert: *„Ludwig muss sterben, damit das Vaterland leben kann."*[4] Indem er den ausländischen Despoten sein Volk verkaufte, hat der König den gesellschaftlichen Pakt gekündigt, der die Nation verband; von nun an herrscht Kriegszustand zwischen dem Volk und dem Tyrannen, den es vernichten muss, wie man einen Feind vernichtet. Das ist der Standpunkt der Revolution, und er wird es ermöglichen, eine republikanische

Ordnung zu festigen. Nun sind dies Überlegungen, die nicht umsonst in Sades Denken eingehen. In dem Moment, wo das Fallbeil den Kopf Ludwig XVI. abtrennt, ist es in den Augen von Sade nicht der Bürger Capet, es ist nicht einmal der Verräter, der stirbt, sondern es ist, *in den Augen von Sade wie in den Augen von Joseph de Maistre* und aller Ultramontanen, der Stellvertreter Gottes, der stirbt; und es ist das Blut des vergänglichen Stellvertreters Gottes und in einem intimeren Sinne das Blut Gottes, das auf die Köpfe des aufständischen Volkes zurückfällt. Die konterrevolutionären katholischen Philosophen wie Joseph de Maistre, Bonald oder Maine de Biran sprechen von der Tötung Ludwigs XVI. wie von einem Sühnemartyrium; für sie sühnt Ludwig die Sünden der Nation. *Für Sade stürzt die Tötung des Königs die Nation ins Unsühnbare*: Die Königsmorde sind Vatermorde. Und zweifellos wollte Sade – weil er hier eine zwingende Kraft sah – die Brüderlichkeit des Naturmenschen durch die Solidarität des Vatermordes ersetzen, die geeignet wäre, eine Gemeinschaft zu festigen, die nicht brüderlich sein konnte, weil sie vom Kainszeichen geprägt war.

IV. Von der Gesellschaft ohne Gott zur Gesellschaft ohne Henker

Die Revolution wollte die Brüderlichkeit und Gleichheit der Kinder des Mutterlandes einführen. Mutterland ist ein seltsamer Ausdruck. Er unterstellt eine hermaphroditische Gottheit, deren zweideutige Natur die Komplexität der Tötung des Königs zu übersetzen scheint; dieser Ausdruck beruht auf der Ambivalenz des revolutionären Aktes, auf einer Ambivalenz, der die Konventsmitglieder sich offensichtlich nicht bewusst sein konnten, der sie aber Rechenschaft trugen, indem sie das Mutterland an die Stelle der heiligen Instanz des Vaters, das heißt, des Königs, setzten. Aber konnten die aufständischen Diener – die durch ihre Revolte gegen ihre Herren zu Komplizen der Revolte ihrer Herren gegen Gott wurden, um ihrerseits zu Herren zu werden – auch nur versuchen, eine Gemeinschaft von Unschuldigen zu gründen? Um in den Stand der Unschuld zu gelangen, hätten sie die unsühnbare Tötung des Königs sühnen müssen. So blieb ihnen nur übrig, die Ausübung des Bösen auf die Spitze zu treiben. Robespierre sagt in seiner Rede über den Prozess gegen den König: „*Wenn eine Nation gezwungen gewesen ist, auf das Recht des Aufstandes zurückzugreifen, tritt sie dem Tyrannen gegenüber in den Naturzustand zurück. Wie könnte dieser Tyrann sich auf den Gesellschaftsvertrag berufen? Er hat ihn selbst gebrochen. Die Nation kann den Vertrag bestehen lassen, wenn sie es für angemessen hält und soweit er die Beziehungen der Bürger untereinander betrifft; aber die Tyrannei auf der einen Seite und der Volksaufstand auf der anderen bewirken, dass der Vertrag, so weit er den Tyrannen betrifft, eindeutig gebrochen wurde; beide Seiten treten wieder in einen Kriegszustand miteinander. Die Gerichte und die Gerichtsordnungen behalten ihre Zuständigkeit nur für die Mitglieder der Bürgerschaft.*"[5]

Genau hier wird der Scheidepunkt zwischen Sade und der Revolution, Sade und der Schreckensherrschaft und Sade und Robespierre deutlich. Kann der Gesellschaftsvertrag, nachdem der Tyrann vernichtet wurde, allein für die Staatsbürger untereinander gelten? Können die Gerichte und Gerichtsordnungen für die Bürgerschaft weiterhin Bestand haben? Wie das?, entgegnet Sade. Ihr habt gegen die Ungerechtigkeit revoltiert; für euch bestand die

Ungerechtigkeit darin, von der Ausübung der Ungerechtigkeit ausgeschlossen zu sein; nur durch Ungerechtigkeit habt ihr gegen die Ungerechtigkeit revoltiert, als ihr eure Herren so getötet habt, wie diese in ihrem Bewusstsein Gott getötet haben. Gerechtigkeit kann für euch, zumindest dann, wenn ihr nicht in die Knechtschaft zurückkehren wollt, nur in der gemeinschaftlichen Ausübung der individuellen Ungerechtigkeit bestehen und ihr habt dafür blutige Beispiele gegeben. Wie könnt ihr euch, wenn nicht auf Gott, so zumindest auf eine vergleichbare Ordnung beziehen, die euch den ruhigen Genuss der Einkünfte des Aufstandes sicherte? Alles, was ihr von jetzt an unternehmt, wird den Stempel des Meuchelmordes tragen.

Eben das wollte Sade in seiner kleinen Schrift *Franzosen, noch eine Anstrengung, wenn ihr Republikaner sein wollt* – die weniger sein Werk als das von Dolmancé, eine der Gestalten seiner *Philosophie im Boudoir*, in die diese kleine Schrift eingefügt ist – zeigen. Trotzdem haben wir gute Gründe zu glauben, dass er in seinen Fiktionen den Grund seines Denkens ausdrückt, denn soweit es eine Grundlage hat, müssen wir diesem befremdlichen Dokument vielleicht mehr Bedeutung beimessen als den vielen Protesten aus republikanischem Pflichtgefühl, die er den revolutionären Autoritäten während der neun Jahre, die er sich in Freiheit befand, zukommen ließ.

Allein schon der deklamatorische Titel *Franzosen, noch eine Anstrengung* … scheint uns ausreichend zu sein, um auf die wirklichen Absichten des Autors zu schließen. Diese Schrift besteht aus zwei Kapiteln, das erste beschäftigt sich mit der *Religion*, das zweite mit den *Sitten*. Im ersten, in dem er zu zeigen versucht, dass Theismus in keiner Weise zu einer republikanischen Gesellschaft gehört, gebraucht Sade positive rationale Argumente, um die Basis der theokratischen Gesellschaft zu unterhöhlen. Das Problem wird in folgenden Begriffen beschrieben: Das Christentum muss zurückgewiesen werden, da seine sozialen Konsequenzen unmoralisch sind; nur der Atheismus kann der nationalen Erziehung eine ethische Basis geben: „*Ersetzt die gottbezogenen Torheiten, mit denen ihr die jungen Organe eurer Kinder ermüdet, durch hervorragende gesellschaftliche Prinzipien; anstatt wertlose Gebete auswendig zu lernen …, sollten sie über ihre Pflichten innerhalb der Gesellschaft unterrichtet werden; lehrt sie, Tugenden zu lieben, von denen ihr ihnen früher kaum gesprochen habt und die ohne eure frommen Geschichten für ihr persönliches Glück ausreichen; bringt sie zu der Einsicht, dass dieses Glück darin besteht, die anderen ebenso glücklich zu machen, wie wir selbst es sein wollen. Wenn ihr aber diese Wahrheiten den christlichen Hirngespinsten aufpfropft, wie ihr es in eurem Wahnsinn einst getan habt, werden eure Schüler, kaum dass sie die Nichtigkeit des Fundaments erkannt haben, das Gebäude zum Einstürzen bringen, und sie werden nur deshalb zu Verbrechern, weil sie glauben, die Religion, die sie verworfen haben, verböte es ihnen, es zu sein. Überzeugt sie hingegen davon, dass Tugend einzig und allein deshalb nötig ist, weil ihr eigenes Glück von ihr abhängt, dann werden sie aus Egoismus anständige Menschen sein, und diese Macht, welche die gesunde Menschheit regiert, ist immer noch die zuverlässigste von allen.*“[6]

Das sind positive materialistische Prinzipien, die auf den ersten Blick auf rationaler Ebene unwiderlegbar und geeignet scheinen, die Basis einer neuen Gesellschaft zu bilden. Diese Prinzipien können Anlass geben für angeblich kühne Neuerungen wie die Abschaffung der Familie, das Erlauben von freien Beziehungen (das heißt der gemeinsame Besitz der Frauen für die Männer und der Männer für die Frauen) und schließlich die Nationalisierung der Kinder, die keinen anderen Vater als den Staat kennen würden. All diese Probleme wurden von Sade aufgeworfen (man kann hier bestimmte Phalanstère-Ideen von Fourier voraussehen, das Projekt einer *harmonischen Gesellschaft*, die auf dem *freien Spiel der Leidenschaften* basiert) und folgendermaßen gelöst. Im zweiten Kapitel, das den Sitten gewidmet ist, treibt er die *„Republikaner"* sofort in die Enge: *„Bedenkt, Bürger, wenn ihr die Gewissens- und Pressefreiheit einführt, müsst ihr auch bis auf wenige Einschränkungen die Freiheit des Handelns gewähren, und ihr hättet, die Falle ausgenommen, die die Grundlagen des Staates erschüttern, unendlich weniger Verbrechen zu bestrafen, denn in einer Gesellschaft, die auf Freiheit und Gleichheit basiert, gibt es im Grunde sehr wenige kriminelle Handlungen ..."*[7] Kann das individuelle Glück wirklich darin liegen, die anderen ebenso glücklich zu machen, wie wir selbst sein möchten und wie es eine atheistische Moral beansprucht? *„Aber es kommt nicht darauf an, seinen Nächsten wie sich selbst zu lieben"*, antwortet sogleich das zweite Kapitel, indem es die ersten Konsequenzen aus der atheistischen Moral zieht, *„da das allen Gesetzen der Natur zuwiderläuft und da ihre Eingebung allein alle Handlungen unseres Lebens lenken muss ..."*[8] Institutionalisiert den Gemeinbesitz der Frauen für die Männer und den Gemeinbesitz der Männer für die Frauen, aber das hieße nur die öffentlichen Häuser mit nationaler Prostitution zu füllen. Der Gemeinbesitz der Kinder? Sicher, um sie leichter der Sodomie zugänglich zu machen. Die Abschaffung der Familie? Sicherlich, aber welche Ausnahme bildet dabei die Regel? Der Inzest. Der Gemeinbesitz von Reichtümern? Durch den Diebstahl, „denn der Eid, das Eigentum zu respektieren, interessiert denjenigen nicht, der nichts hat: Bestraft den Menschen, der so nachlässig ist, sich bestehlen zu lassen, und nicht denjenigen, der stiehlt und der nur der ersten und heiligsten der Bewegungen der Natur folgt, nämlich seine eigene Existenz zu erhalten, egal auf welche Kosten". Aber wenn Verleumdung, Diebstahl, Gewalt, Inzest, Ehebruch und Sodomie unter einer republikanischen Regierung nicht bestraft werden, ist das Vergehen, gegen das diese Regierung am wenigsten Grund hat vorzugehen, der Mord: *„Es ist erwiesen, dass es manche Tugend gibt, deren Ausübung gewissen Menschen unmöglich ist, ebenso wie es manches Heilmittel gibt, das mancher Leibesbeschaffenheit nicht zuträglich sein kann. Also, welch ein Gipfel der Ungerechtigkeit wäre es, wenn man jemanden mit dem Gesetz bestrafte, dem es unmöglich ist, sich dem Gesetz zu beugen! … Aus diesen obersten Gemeinbesitz leitet sich, wie man sieht, die Notwendigkeit ab, milde Gesetze zu machen, und vor allem, die Abscheulichkeit der Todesstrafe für immer aus der Welt zu schaffen, … weil das Gesetz, selbst ohne Empfindung, zu den Leidenschaften keinen Zugang haben kann, die im Menschen die grausame Tat des Mordes rechtfertigen; der Mensch empfängt von der Natur die Impulse, die eine solche Handlung entschuldigen, das Gesetz hingegen, das immer im Wiederspruch zu der Natur steht und nichts von ihr empfängt, kann nicht bevollmächtigt werden, sich die gleichen Ausschweifungen zu erlauben: Da es nicht dieselben Antriebe hat, kann es unmöglich dieselben Rechte ausüben …"*[9]

Eine Regierung, die durch den Mord an Gott entstanden ist und die nur durch den Mord besteht, hat das Recht verloren, die Todesstrafe zu verhängen, und folglich könnte sie auch keine Sanktionen für irgendein anderes

Vergehen aussprechen: „*Eine republikanische Regierung, die von Despoten umzingelt ist, erhält sich nur durch Krieg und nichts ist weniger moralisch als der Krieg …*" Ist der Mord in der Politik ein Verbrechen? Wagen wir doch zu gestehen, dass er unglücklicherweise eine der stärksten Triebfedern der Politik ist. Ist Frankreich heute nicht aufgrund von Morden frei? … *Welche menschliche Tätigkeit hat es nötiger, sich durch Mord zu erhalten, versucht nur zu betrügen und hat nichts zum Ziel als die Vergrößerung einer Nation auf Kosten einer anderen? … Welche befremdliche Verblendung der Menschen, die öffentlich die Kunst des Tötens lehrt, die denjenigen belohnt, der darin am erfolgreichsten ist, und aber den bestraft, der aus einem besonderen Grund seinen Feind beseitigt!* „Ich gewähre Euch Gnade, sagte Ludwig XV. zu Charolais, der zu seinem Vergnügen einen Menschen getötet hatte, aber ich gewähre sie auch dem, der Euch töten wird. Alle Prinzipien eines Gesetzes gegen Mörder sind in diesem großartigen Wort enthalten."[10] Man sieht hier, dass Sade sich deutlich an die Lebensprinzipien der alten Monarchie erinnert, die die Republik insgesamt für unmoralisch erklären sollte: „*Nun frage ich, wie man beweisen können will, dass es in einem durch seine Verpflichtungen unmoralischen Staate wichtig ist, dass die Menschen moralisch seien. Ich gehe weiter: Es ist gut, wenn sie es nicht sind … Der Geist des Aufruhrs … ist keineswegs ein moralischer Zustand; er muss dennoch der Dauerzustand einer Republik sein; es wäre also ebenso unsinnig wie gefährlich zu fordern, dass die, welche die fortwährende moralische Erschütterung des Staatsapparates unterstützen sollen, selbst sehr moralische Wesen sind, denn der moralische Zustand eines Menschen ist ein Zustand des Friedens und der Ruhe, wohingegen sein unmoralischer Zustand ein Zustand unaufhörlicher Unruhe ist, der ihn in die Nähe des notwendigen Aufruhrs bringt, eines Zustandes also, in dem ein Republikaner den Staat, dessen Mitglied er ist, ständig halten muss.*"[11]

Zu Beginn dieser kleinen Schrift bekräftigt Sade, dass man Dank des Atheismus den Kindern exzellente soziale Prinzipien einschärfen würde; dann zieht er Schritt für Schritt die Konsequenzen, die daraus folgen: Sie versetzen die Gesellschaft in einen Zustand permanenter Bewegung und permanenter Immoralität, das heißt, verhängnisvollerweise in einen Zustand der Selbstzerstörung.

V.

Insgesamt sieht eine Gesellschaft im Zustand der permanenten Immoralität wie eine *Utopie des Bösen* aus. Diese paradoxe Utopie entspricht dem virtuellen Zustand unserer modernen Gesellschaft. Während das utopische Bewusstsein der menschlichen Möglichkeiten an den Antizipationen eines möglichen Fortschritts arbeitet, arbeitet das sadesche Bewusstsein an den Antizipationen einer virtuellen Regression. Diese Antizipationen sind um so aberwitziger, als *die Methode in den Dienst der Regression gestellt wird.* Im Unterschied zu den Utopien des Guten, die zu stark von den schlechten Realitäten abstrahieren, besteht die Utopie des Bösen darin, systematisch nicht nur von den Möglichkeiten des Guten zu abstrahieren, sondern auch vom wichtigen Faktor des Überdrusses. Denn, wenn Überdruss schon die häufigste Ursache des Bösen ist, so steigert er sich noch, wenn das Böse erst einmal getan ist – so wie Ekel auf ein Verbrechen folgt, das nur mit dem Ziel begangen wurde, ein Verbrechen zu begehen. Sade behält nichts als schlechte

Realitäten zurück, wenn er ihren irdischen Charakter unterdrückt: Allein auf diese Weise erfüllt das Böse tatsächlich jeden Augenblick des gesellschaftlichen Lebens und zerstört einen Augenblick durch den anderen. Geboren aus dem Überdruss und Ekel Sades, würde die Utopie einer Gesellschaft im Zustande permanenten Verbrechens – wenn sie wörtlich genommen würde und wenn Ideologen des Bösen sich anschicken würden, sie zu verwirklichen – unweigerlich in Ekel und Überdruss versinken: Gegen den Ekel und Überdruss kann es dann kein anderes Mittel geben, als sie *ad infinitum* durch neue Verbrechen zu überbieten.[12]

VI.

Man stelle sich nun eine Art von moralischer Verschwörung vor, die der Revolution zugrunde läge und deren Ziel es wäre, eine Menschheit, die nichts zu tun und den Sinn für ihre gesellschaftliche Notwendigkeit verloren hat, dazu zu zwingen, sich ihrer Schuld bewusst zu werden. Eine Verschwörung, die sich zweier Methoden bedient: Einer exoterischen, die von Joseph de Maistre in seiner Soziologie der Erbsünde propagiert wurde, und einer viel komplexeren esoterischen Methode, *die darin besteht, die Maske des Atheismus aufzusetzen, um den Atheismus zu bekämpfen, und die Sprache des moralischen Skeptizismus zu sprechen, um den moralischen Skeptizismus zu bekämpfen, und zwar mit dem einzigen Ziel, der Vernunft alles abzuringen, was sie geben kann, um so ihre Nichtigkeit aufzuzeigen.*

Wenn man Sades Pamphlet liest, ist man immer wieder verblüfft und geneigt sich zu fragen, ob Sade nicht auf seine Weise die unsterblichen Prinzipien von 1789 in Misskredit bringen wollte und ob dieser heruntergekommene Feudalherr die Philosophie der Aufklärung nicht nur deshalb aufgegriffen hat, um ihre düsteren Abgründe aufzuzeigen.

Hier stoßen wir wieder auf die eingangs gestellten Fragen. Entweder wir nehmen Sade beim Wort und er erscheint uns als eines der ausgeprägtesten und aufschlussreichsten *Epiphänomene* eines umfangreichen Prozesses der gesellschaftlichen Auflösung und Neugestaltung. Dann wäre er so etwas wie das Geschwür eines kranken Körpers, das sich autorisiert fühlte, im Namen dieses Körpers zu sprechen. Sein politischer Nihilismus wäre nur die sozusagen ungesunde Episode des kollektiven Prozesses; seine Verteidigung des *reinen Verbrechens* und seine Ermunterung, am Verbrechen festzuhalten, wäre nur ein Versuch, den politischen Instinkt zu pervertieren, das heißt, den Instinkt zur Erhaltung der Kollektivität. Denn das Volk überlässt sich der Vernichtung seiner Gegner mit einer tiefen Befriedigung; die Kollektivität wittert immer, was ihr – zu Recht oder zu Unrecht – schadet, und deshalb kann sie mit größter Sicherheit Grausamkeit und Gerechtigkeit vermischen, ohne die geringsten Gewissensbisse zu haben, da die Riten, die sie am Fuße des Schafotts zu erfinden mag, sie von der reinen Grausamkeit befreien, deren Ausdruck und Folgen sie zu maskieren weiß.

Oder aber wir müssen uns an bestimmte Abschnitte seines Pamphlets halten, in denen sich folgende Warnung findet: *„Man beschuldige mich nicht, ein gefährlicher Neuerer zu sein; man sage mir nicht, es wäre riskant, die Gewissensbisse in der Seele der Übeltäter abzustumpfen, wie es diese Schrift vielleicht tun wird; man sage nicht, es* *würde größter Schaden angerichtet, weil die Milde meiner Sittenlehre den Hang, den die Übeltäter zum Verbrechen haben, verstärke: Ich bezeuge hier ausdrücklich, keine dieser perversen Absichten zu verfolgen; ich lege Gedanken dar, die sich seit meiner Verstandesreife in mir herangebildet haben und deren Verbreitung sich der abscheuliche Despotismus der Tyrannen seit Jahrhunderten wiedersetzt hat; was scheren mich jene Menschen, die nur das Schlechte in philosophischen Lehren erfassen können, die sich durch alles verderben lassen würden. Wer weiß, ob sie nicht vielleicht bei der Lektüre Senecas oder Charrons verdorben würden? Zu ihnen spreche ich nicht: ICH WENDE MICH NUR AN MENSCHEN, DIE FÄHIG SIND, MICH ZU VERSTEHEN, UND SIE WERDEN MICH OHNE GEFAHR LESEN.*"[13]

Hier tritt ein höchster Grad von Bewusstheit zu Tage, eben jener Grad, der es erlaubt, sämtliche Auflösungs- und Neubildungsprozesse zu umfassen. Auch wenn wir Sades Charakter eine gewisse Ventilfunktion beimessen, müssen wir ihm zugestehen, *dass er die dunklen Kräfte kritisiert, die* von den Verteidigungsmechanismen der Kollektivität *in gesellschaftliche Werte verdreht worden sind.* Und wenn sie erst einmal verdreht worden sind, können diese dunklen Kräfte in der Leere ihren infernalischen Reigen drehen. Sade hat keine Furcht, sich unter diese Kräfte zu mischen, aber er ist nur in den Reigen gesprungen, um die Masken herunterzureißen, die die Revolution ihnen aufgesetzt hat, um sie akzeptabel zu machen und so den *„Kindern des Vaterlandes"* ihre unschuldige Anwendung zu ermöglichen.

Entwurf des sadeschen Systems

Ohne hier vorzugeben, die chronologische Entwicklung des sadeschen Denkens nachzuzeichnen, wollen wir versuchen, die verschiedenen Phasen seiner dialektischen Entwicklung zu skizzieren, soweit man die verschiedenen Schichten einer dunkel gebliebenen Erfahrung dechiffrieren kann. Dabei respektieren wir die Terminologie Sades und wollen wir versuchen, indem wir ihn beim Wort nehmen, ausführlich das System zu beschreiben, das diese Terminologie beinhaltet und entwirft. Aber in welchem Maße ist diese Terminologie überhaupt die seinige?

Magnetisch angezogen von den Ereignissen, die sich in der Außenwelt vorbereiteten (ein Angriff auf die Prinzipien religiöser und gesellschaftlicher Autorität), erhoben sich im Inneren eines Mannes dunkle Kräfte, sodass er sich gezwungen fühlte, diese seinen Zeitgenossen zu verkünden, auch wenn er unter ihnen wie ein Moralschmuggler leben musste. Wenn er keine Sprache erfinden wollte, die diesen Kräften entspricht, um sich wenn schon nicht seinen Zeitgenossen, so zumindest der Nachwelt verständlich zu machen, dann blieb ihm nur der Ausweg, sich in der überkommenen Terminologie und mit den gängigen philosophischen Begriffen auszudrücken. Was die philosophischen Systeme betrifft, mit deren Hilfe seine Romangestalten spekulieren, war Sade offensichtlich vom Rationalismus Voltaires und der

Enzyklopädisten und vom Materialismus d'Holbachs und La Mettries abhängig. Seine Gestalten gehen überdies mit Leichtigkeit je nach ihren Launen vom einen System zum anderen über, ohne sich viel um Widersprüchlichkeiten zu kümmern. Sade wollte auf diese Weise zeigen, dass *die Wahl* einer Philosophie *vom Temperament inspiriert wird* und dass *selbst die Vernunft*, auf die sich die Philosophen seiner Zeit beriefen, nur eine Form von Leidenschaft ist. So bezeichnete er die Philosophen unterschiedslos als Anhänger der Tugend, Anhänger des Lasters und somit auch als Anhänger der Vernunft. Aber insgesamt gesehen, scheint Sade genauso ein Gefangener der Terminologie seines Jahrhunderts gewesen zu sein, wie er *körperlich* ein Gefangener der verschiedenen politischen Regime seiner Zeit war. Zunächst Gefangener im Namen des Königs durch einen Haftbefehl des Königs, dann im Namen des Gesetzes durch den Willen des Volkes; *aber darüber hinaus auch noch Gefangener im Namen der Vernunft und der Philosophie der Aufklärung, weil er im Begriffe des gesunden Menschenverstandes übersetzen wollte, was dieser verschweigen und abschaffen musste, um gesund zu bleiben, wenn er nicht selbst abgeschafft werden wollte*. Zu Sades Zeiten war es ein Gemeinplatz, dass die Religion ein Mystifikationsunternehmen ist und dass die menschlichen Handlungen nur durch das Interesse angetrieben werden. Das waren die beiden Schlussfolgerungen, zu denen das Denken am Jahrhundertende führte, eben jenes Denken, das die Seele beiseite schaffte, indem es im Namen der Idee des Interesses alle Vermögen, die diesem entgegenstanden, in Misskredit brachte: Herzlichkeit, Mitleid mit dem anderen und Opferbereitschaft, die aus der Großzügigkeit und dem Reichtum des Seins hervorgingen. Nur die mechanistische Erklärung des Menschen und der Natur hatte noch Geltung. Sade hält von diesem gängigen Denken im Wesentlichen nur das fest, was sein grundlegendes Kriterium bildete, nämlich den *Verdacht*, der einer der Hauptzüge seines eigenen Charakters war. Man will mich täuschen? Nun gut, dann muss man eben täuschen. Man verstellt sich? Gut, dann muss man sich verstellen. Man simuliert und maskiert sich? Gut, greifen wir zum Simulakrum und zur Maske. Nun zeigt sich, dass die beste Maske, das beste Simulakrum immer noch und gerade der gesunde Menschenverstand der überkommenen Terminologie ist. Wir haben gesagt, dass Sade nur die Terminologie und Dialektik der Aufklärungsphilosophie zur Verfügung hatte, und eben deshalb halten ihn heute viele für unlesbar. Aber Sade hat dieser Sprache mit der ihm eigenen Gewalt alles abgerungen, was sie geben kann: Er trieb die mechanistische Erklärung des Menschen bis zum Delirium voran und er demonstrierte dabei die praktische Anwendung in den Händen derer, die der gesunde Menschenverstand gerade ablehnte. Dadurch entschleierte er die Absurdität der mechanistischen Psychologie seiner Zeit und brandmarkte er ihre Verlogenheit: *Nicht aus Interesse, sondern im Gegenteil ohne die geringste Sorge um das eigene Interesse kann der Mensch so handeln, wie er es uns beschreibt.* Und auch wenn der Mensch glaubt, bewusst nur seinem Egoismus zu folgen, so gehorcht er in beiden Fällen doch immer nur den undurchdringlichen Kräften, die für die Vernunft unzugänglich sind: Da er reicher ist, als er wahrhaben möchte, wird er, wenn es sein muss, eine unheilvolle Großzügigkeit an den Tag legen und verhängnisvolle Opfer bringen. Zweifellos scheint Sade zeitweise mit dem Determinismus der Mechanisten übereinzustimmen, wenn er entsprechend dem philosophischen Erbe seiner Epoche sagt, dass der Mensch nicht anders handeln kann. Aber wenn er uns den Menschen als in jenen befremdlichen Weisen handelnd und fühlend beschreibt, die die Perversion erfordert, weist er ihr System sogleich zurück, das allzu grob den Mangel an Freiheit mit physiologischen Reflexen begründet. Aus diesem Grunde hielt man ihn seit seinen Lebzeiten nicht nur für unlesbar, sondern auch für abstoßend. In der Tat, *gerade durch seine Fähigkeit, sich* ad infinitum *ungeheuerliche Reflexe vorstellen zu können, scheint dieser Mann der damals bereits seine Freiheit verloren hatte, dennoch auf der Suche nach seiner verlorenen Freiheit zu sein, die ihm seine Vorstellungskraft anzeigt und ersetzt.* Wenn er gerade durch diesen Verlust der ursprünglichen Freiheit zur Beute dunkler Kräfte wird, verweisen diese gerade dann, wenn sie sich der Phantasie bemächtigen, auf das, was er ursprünglich besessen und nun verloren hat. Aber dieser Verweis bleibt ebenso dunkel wie diese Kräfte, die sich ihrerseits jeder rationalen Erklärung entziehen. Materialisten und Mechanisten haben geglaubt, in ihrem allgemeinen System der Natur und des Menschen das irreduzible Phänomen reduzieren zu können, dem Sade glaubte nachspüren zu müssen. Mehr noch: Das materialistische oder mechanistische System ist letzten Endes nur Ausdruck eines Geistes, der um so mehr moralische Blindheit akzeptiert, die diesem Verlust innerer Freiheit folgt, als es versucht, sie durch äußere Freiheit auf gesellschaftlicher Ebene zu kompensieren. Gleichzeitig ergibt sich ein Wechsel der Perspektive, sodass nicht mehr Sade ein Schüler der Mechanisten und Materialisten ist, sondern deren Systeme im Dienste jener Kräfte zu stehen scheinen, die Sade zugleich verkörpert und kritisiert.

Der Marquis de Sade wächst in einer Gesellschaft auf, die sich bewusst ist, dass sie auf Willkür basiert. Der moralische Verfall dieser Gesellschaft, die alles vom maßlosen Zynismus einiger ihrer Repräsentanten zu befürchten hat, steht am Ursprung der philosophischen Überlegungen Sades. Diese Letzteren übersetzen zunächst einen Zustand des schlechten Gewissens: Das schlechte Gewissen des libertinen Feudalherrn, das bei Sade um so unerbittlicher ist, als es dem Drängen der irrationalen Kräfte seiner Persönlichkeit gehorcht. Ein tiefes Rechtfertigungsbedürfnis führt Sade somit dahin, Verteidigungsargumente in der Philosophie eines La Mettrie und eines d'Holbach und sogar eines Spinoza zu suchen.

Wenn die Prozesse und die Verurteilungen wegen seiner verschiedenen Skandale, vor allem wegen der Affären von Arcueil und Marseille, seine wiederholte Einkerkerung und schließlich seine lange Haft durch einen Haftbefehl des Königs, der in Wirklichkeit von seiner Schwiegermutter erwirkt wurde[1], wenn all diese willkürliche Unterdrückung ihn, den Apologeten des Willkürlichen, zwangsläufig gegen jede Institution und gegen jedes „menschliche und göttliche" Gesetz aufbrachte – muss man dann darin nicht eine Projektion seines inneren Prozesses nach außen sehen, also jenes Prozesses, den sein Bewusstsein ihm machte? Vielleicht war die ungerechte Bestrafung, die sein unbewusster Wille ihm einbrachte, für ihn notwendig, um seinen inneren Prozess zu gewinnen.

Erschüttert das Verharren im materialistischen Atheismus die menschliche Moral, die in den Worten „Was du nicht willst, das man dir tu, das füg auch keinem andern zu" enthalten ist? Zieht die Negation Gottes nicht auch die Negation des Nächsten, also des Mitmenschen nach sich? Das scheint das Ausgangsproblem zu sein, das Sade sich stellte, während er – willkürlich eingesperrt durch die Rechtsprechung der Menschen – vor dem Tribunal seines Bewusstseins erscheint. Aber er fragt weiter: Was wird aus dem Schuldigen, wenn Gott, also der Richter, verleugnet wird?

Im *Dialog zwischen einem Priester und einem Sterbenden*[2], den er 1782 verfasste, schrieb er:

„Beweise mir die Bewegungslosigkeit der Materie und ich gestehe dir einen Schöpfer zu, beweise mir, dass die Natur sich nicht selbst genügt … Dein Gott ist eine Maschine, die du fabriziert hast, damit sie deinen Leidenschaften diene, und du lässt sie nach ihren Wünschen sich bewegen, sobald sie aber meine Leidenschaften hindert, werfe ich sie weg … meine Seele ist so, wie die Natur es gewollt hat … ist das Resultat von Organen, die es ihr gefallen hat mir zu geben, im Hinblick auf ihre Absichten und Bedürfnisse; und sie hat einen gleich großen Bedarf an Lastern wie an Tugenden, wenn es ihr gefiel mich zum Laster zu bringen, hat sie es gemacht, und wenn sie Tugend wollte, hat sie mir den Wunsch eingegeben, und ich war ebenso ausgeliefert. Suche keine anderen Ursachen für unsere menschliche Inkonsequenz …" Die Klarheit dieses Bewusstseins reflektiert sich in der stilistischen Schönheit dieses *Dialogs*. Aber wenn es dort heißt: „Es ist also möglich, dass es notwendige Dinge ohne Weisheit gibt; folglich ist es auch möglich, dass sich alles aus einer ersten Ursache herleitet, ohne dass es Vernunft noch Weisheit in der ersten Ursache gäbe", kann man dann Zweifel haben, dass sich in diesem Satz ein Gewitter zusammenbraut, das kurz vor der Entladung steht? Immer gilt für dieses offensichtlich so klare Bewusstsein: „… Die Vernunft, die Vernunft allein muss uns darüber aufklären, dass es nicht glücklich macht, den Mitmenschen zu schaden … da zu ihrem Glück beizutragen, für uns das größte ist, was die Natur uns auf der Erde gegeben hat; alle menschliche Moral ist in diesem Wort enthalten: Man mache die anderen ebenso glücklich, wie man es selber zu sein wünscht, und füge ihnen nicht mehr Böses zu, als man selber ertragen möchte." Diese Abschnitte zeigen deutlich, dass Sade hier noch an die Möglichkeit glaubt, moralische Kategorien beizubehalten, ohne die Konsequenzen zu ziehen, die sich aus der Nicht-Existenz Gottes ergeben könnten. Fünf Jahre später schreibt er die erste Fassung der *Justine*[3], der er den Titel *Die Missgeschicke der Tugend* gibt und die er folgendermaßen kommentiert: „Ein Werk von völlig neuem Geschmack. Vom Anfang bis zum Ende triumphiert das Laster und die Tugend findet sich gedemütigt, die Tugend wird alles Glanzes, der ihr gegeben ist, entblößt und es wird keinen geben, der nach Beendigung dieser Lektüre nicht den falschen Triumph des Verbrechens verabscheut und die Demütigung der Tugend liebt."[4] Diese Bemerkung am Rande der ersten Fassung der „infamen *Justine*", die fünf Jahre nach dem *Dialog* geschrieben wurde, belegt die Gewaltsamkeit des Konfliktes, der bei Sade ausgebrochen war, und zeigt, dass sich in seinem Bewusstsein ein dialektisches Drama abspielte, das vielleicht sein ganzes Leben andauern sollte. In *Die Missgeschicke der Tugend* werden nicht nur moralische Kategorien beibehalten, sondern es tauchen sogar christliche Kategorien wieder auf. Allerdings dienen sie nur als Grundlage für die gedankliche Entwicklung in diesem Werk und werden sogleich von den Personen, denen die Heldin im Verlaufe ihrer Abenteuer begegnet, diskutiert und widerlegt. So scheint diese Fassung der *Justine* das Ei zu sein, aus dem die sadesche Philosophie schlüpft: Das noch moralische Bewusstsein ist nichts anderes als der Hahn, der während des dialektischen Reifeprozesses die Probleme herauskräht, die sich diesem Bewusstsein stellen. Wenn dieses Werk auch bereits Elemente der anarchistisch orientierten Philosophie der späteren Fassung enthält, so zeigt es sich doch noch als Illustration der grundlegenden Lehre des Christentums von der *Umkehrbarkeit der Verdienste der Opferung des Unschuldigen zugunsten des Schuldigen.* Eine Lehre, die Joseph de Maistre zwanzig Jahre später in den *Soiréen von St. Petersburg* wiederaufnahm. Noch etwas später, und Sade und Maistre fanden sich nahezu wiedervereinigt in der Sensibilität ihres brüderlichen Lesers Baudelaire.

Auch werden die Missgeschicke der *Justine* nicht etwa als *„notwendige Dinge ohne Weisheit"* beurteilt, sondern Juliette, die später zur Heldin der *Vorteile des Lasters* wurde, betrachtet sie als Zeichen der Vorsehung. Während, um alle Widerwärtigkeiten zu vergrößern, der Blitz Justine vor den Augen ihrer Schwester Juliette tötet, sieht Letztere, die ihre Karriere im Laster gemacht hat, darin einen Fingerzeig des Himmels: *„Das unerhörte Leid, das diese Unglückliche erlitten hat, obgleich sie immer nur die Tugend achtete: Es ist allzu außergewöhnlich … als dass es mir nicht die Augen über mich selbst geöffnet hätte. Glauben Sie nicht, ich sei von dem falschen Glanz der Glückseligkeit geblendet, den wir ihre Peiniger im Verlaufe ihrer Abenteuer genießen sahen. Die Launen des Schicksals sind ein Rätsel der Vorsehung, das zu entschleiern uns nicht zusteht. Doch, niemals dürfen wir uns von ihnen verführen lassen. Das Gedeihen des Bösen ist nichts weiter als eine Prüfung, die uns die Vorsehung auferlegt. Es ist wie ein Blitz, dessen trügerischer Schein die Atmosphäre nur für einen Augenblick verklärt, um dann den Unseligen, den dieser Anblick betört, in den Abgrund des Todes zu schleudern …"*[5] Was soll man von dem Geisteszustand halten, in dem Sade sich befand, als er fünf Jahre nach dem *Dialog* diese Seiten schrieb, die einer quasi jansenistischen Inspiration folgen und auch einem bestimmten Augustinismus nicht fern stehen? Auf der Grundlage des oben zitierten Kommentars scheint diese Schlussfolgerung einen Sinn zu haben, der über ein einfaches literarisches Manöver weit hinausgeht. Zumindest weigern wir uns zu glauben, Sade habe einen christlichen Schleier über seine eigene Philosophie werfen wollen. Anders gesagt, wenn es sich nur um einen Schleier gehandelt hat, so war dieser auch noch in seinem Bewusstsein, und welche Kühnheiten er sich auch herausnahm, sie hatten den Schleier doch noch nicht zerrissen. Dieser gemarterte Geist, einer der tiefsten seines Jahrhunderts, unterlag noch gewaltigen Schwankungen.

Die erste Fassung der *Justine* bezeichnet eine Etappe in der Entwicklung des sadeschen Denkens. Das Problem des Bösen wird in voller Schärfe und in quasi theologischer Form gestellt. Zuerst im *Dialog* gemeinsam mit der Existenz Gottes geleugnet und, wenn man so will, intellektuell aufgelöst, ist das Böse in *Die Missgeschicke der Tugend* voll und ganz enthalten. Zur selben Zeit machte Sade bereits den Plan für sein erstes großes Werk *Die 120 Tage von Sodom*[6], dessen außergewöhnliche Architektur gegenüber seinen späteren Werken unvergleichlich blieb. In diesem Werk, das die Grundlage einer Theorie der Perversion entwirft und dabei eine Metaphysik vorbereitet, die vor allem in der *Juliette* entfaltet wird, findet man die exakte Definition des Problems des Bösen im sadeschen Bewusstsein: Das Unglück, *tugendhaft im Verbrechen und verbrecherisch in der Tugend zu sein*. Wenn Sade auch von Anfang an für eine Negation des Bösen war, so war er mit dieser Negation doch noch nicht zufrieden. Hier kommt der *Nächste* ins Spiel; und soweit der *Nächste* für das *Ego* existiert, enthüllt er ihm die Präsenz Gottes. In den späteren Fassungen der *Justine*[7] und in der *Geschichte der Juliette* durchläuft die Liquidierung des Begriffs des Bösen mehrere Phasen und nimmt mehrere Formen an: mal die einer destruktiven Theologie, die aus dem schlechten Gewissen des libertinen Feudalherrn stammt, mal die eines materialistischen, stoizistischen und asozialen (Theorie des reinen Verbrechens) atheistischen Naturalismus und mal die einer Askese, der Askese der Leidenschaftslosigkeit.

Wann ist Sade selbst aus seiner *problematischen* Phase herausgekommen? Was das Problem des Bösen betrifft, so kann man wohl zu Recht vermuten, dass er zu der Zeit, als er die *Geschichte der Juliette* schrieb, also in den Jahren seiner Freiheit zwischen 1790 und 1798, alle Phasen durchlaufen hatte. Nichts erlaubt uns allerdings gegenwärtig zu bestimmen, ob er diese Liquidierung des Bösen *affektiv* überhaupt jemals vollzogen hat.

I.

Das schlechte Gewissen des libertinen Wüstlings stellt – im Werk Sades – einen Übergangszustand des Geistes zwischen dem des gesellschaftlichen Menschen und dem atheistischen Bewusstsein des Naturphilosophen dar. Sein Verhalten zeigt gleichzeitig negative Elemente, die das sadesche Denken in seiner dialektischen Bewegung zu eliminieren versucht, und positive Elemente, die es möglich machen, diesen Zwischenzustand des Geistes zu überschreiten, um zur atheistischen und asozialen Naturphilosophie vorzudringen, zur Moral der ständigen Bewegung.

Das Bewusstsein des Libertins hat einerseits eine negative Beziehung zu Gott und andererseits eine Beziehung zum Nächsten. Der Gottesbegriff und der Begriff des Nächsten sind für ihn unerlässlich.

Negative Beziehung zu Gott. Dieses Bewusstsein ist nicht *„aus Kaltblütigkeit"* atheistisch, könnte man mit Sade sagen, sondern aus großer Erregtheit, aus heimlichem Groll. Sein Atheismus ist nur eine Form von Sakrileg: Allein die Profanierung religiöser Symbole kann dieses Bewusstsein von seinem scheinbaren Atheismus überzeugen. Dadurch unterscheidet es sich deutlich vom Bewusstsein des atheistischen Philosophen, für den das Sakrileg keine andere Bedeutung hat, als die Schwäche desjenigen zu enthüllen, der es begeht.[8]

Manchmal haben der Atheismus, der das Bewusstsein des Libertins beeinflusst, und die Vergehen, deren Ausübung es ersinnt, den Charakter einer Provokation des abwesenden Gottes, als ob der Skandal ein Mittel wäre, Gott zu zwingen, seine Existenz zu beweisen: *„Gäbe es einen Gott, und besäße dieser Gott Macht, würde er dann erlauben, dass die Tugend – die ihr verehrt und zu der ihr euch bekennt – jetzt dem Laster und der Libertinage geopfert wird? Würde er, dieser allmächtige Gott, es erlauben, dass ein schwaches Geschöpf wie ich, das ihm gegenüber wie eine Mücke im Angesicht des Elefanten wirkt, würde er es erlauben – sage ich –, dass dieses schwache Geschöpf ihn lästert, ihn verhöhnt, ihn herausfordert, ihm trotzt und ihn beleidigt, wie ich es aus bloßem Vergnügen in jedem Augenblick des Tages tue?"*[9] Die Straflosigkeit steigert also den Genuss dieses Denkens: Die eigentlich verdiente Züchtigung ist um so größer und das Vergehen hat in seinen Augen um so mehr Wert. Für dieses Denken spielen Gewissensbisse eine wichtige Rolle und scheinen der Antrieb für das Verbrechen zu sein. Für den libertinen Wüstling ist es das Böse und keine Handlung, die gleichgültig ist (weil sie, wie für den atheistischen Philosophen, von der beständigen Bewegung bestimmt wird), was das Hauptziel der Erweiterung der Sphäre von Genüssen bildet: *„Nicht das Objekt der Libertinage erregt uns, sondern die Idee des Bösen"*, und somit wäre das Objekt der Libertinage nicht mehr von Interesse, wenn es nicht mehr dazu anregte, Böses zu tun. Nicht nur ist die Möglichkeit, Gutes zu tun, nicht ausgeschlossen, sondern sie ist der Preis des Verbrechens. Auch das Bewusstsein des sadeschen Wüstlings hält mit den moralischen Kategorien am freien Willen fest, wenn es glaubt, Böses tun zu können. Das Bewusstsein des libertinen Wüstlings scheint hier – nach den Gegebenheiten bei Sade – nicht nur in völligem Gegensatz zum Atheismus zu stehen, sondern entspricht der Analyse des Bösen um des Bösen willen, wie sie sich in den *Bekenntnissen* von Augustinus findet.

Deshalb ist dieses Denken in der Lage, eine umfassende destruktive Theologie zu ersinnen, wie zum Beispiel die Religion des *Höchsten Wesens des Bösen*[10], also die einzige, zu der der alte Lehrmeister Saint-Fond, der vollkommene Typus des libertinen und lasterhaften Feudalherrn, sich bekennen mag. Diese Religion des Bösen besteht noch nicht darin, das Verbrechen so zu leugnen wie die Philosophie, die von der ständigen Bewegung ausgeht, sondern es wird als Ergebnis der Existenz eines teuflischen Gottes angesehen. Sie ist keine Widerlegung der Lehre von der Notwendigkeit der Opferung des Unschuldigen zur Rettung des Schuldigen, wie die These der ersten Fassung der *Juliette* lautet, sondern nur ihre Umkehrung. Sie preist die Notwendigkeit der Ungerechtigkeit in Gott. Angesichts des Mysteriums der

Offenbarung kann die empörte Vernunft, wenn sie deren Lehre in der Sprache der Empörung ausdrücken will, an die Stelle des geoffenbarten Inhalts tatsächlich nur einen blasphemischen Inhalt setzen, der genau den Eindruck artikuliert, den das Mysterium in der sich selbst überlassenen Vernunft hinterlassen hat. Angesichts des Verbrechens auf der einen und der Leiden auf der anderen Seite schreibt die Vernunft von nun an der Orthodoxie die Absicht zu, die Verbrechen des Schuldigen durch die Buße zu legitimieren, also die Fähigkeit, die Leiden des Unschuldigen zu sühnen – während die Orthodoxie in Wirklichkeit das Verbrechen auf die Freiheit zur Sünde zurückführt und dem Leiden des Unschuldigen die Fähigkeit, es zu sühnen, zuschreibt. Aber was die empörte Vernunft der Orthodoxie zur Last legt, ist genau das, was sie selbst als Lehre formuliert, die im Gegensatz zu ihren Schlussfolgerungen das scheinbare Verdienst hat, von einem übernatürlichen Ursprung der Sünde auszugehen: Sind nicht all die Leiden, mit denen Gott die Menschen überhäuft, der Preis, um den Gott dem Menschen das Recht zugesteht, andere leiden zu lassen und unendlich lasterhaft zu sein? Sodass man in Gott den ursprünglich Schuldigen sehen könnte, der den Menschen angegriffen hatte, bevor der Mensch ihn angriff: Dadurch hätte der Mensch das Recht und die Kraft bekommen, seinesgleichen anzugreifen. Diese göttliche Aggression wäre nun so ungeheuerlich, dass sie für immer die Straflosigkeit des Schuldigen und die Opferung des Unschuldigen rechtfertigen würde.

„Wenn das Missgeschick von dem ich vom Tage meiner Geburt an bis zu meinem Tode überhäuft werde, sich mir gegenüber so unbekümmert zeigt, so kann ich mich sehr wohl irren in dem, was ich das Böse nenne. Das, was ich,

auf mich bezogen, in dieser Weise charakterisiere, ist wahrscheinlich äußerst gut, wenn man es auf das Wesen bezieht, das mich in die Welt gesetzt hat. Und wenn ich das Böse der anderen einstecke, so genieße ich andererseits das Recht, es ihnen zurückzuzahlen, ja, ich habe sogar die Möglichkeit, es ihnen als erster anzutun. Somit ist das Böse seither ein Vorteil für mich, wie dies auch für den Urheber meiner Tage im Verhältnis mir gegenüber ist. Ich bin genauso glücklich über das Böse, das ich anderen antue, wie Gott über das glücklich ist, was er mir antut ..." Das Böse *„ist ein moralisches Wesen und nicht ein geschaffenes Wesen. Es ist ein ewiges und nicht vergängliches Wesen. Es existierte vor der Welt. Es schuf das furchtbare und ruchlose Wesen, das eine so bizarre Welt schaffen konnte"*, und kann das Universum nur durch das Böse erhalten; es nur um des Bösen willen fortdauern lassen; und es gestattet der Kreatur, durch und durch böse zu sein: *„Nun, diese Form, die sowohl die Seele des Schöpfers als auch die der Kreatur ist, existierte vor dieser ihr erschaffenen Kreatur, und sie wird auch nach mir existieren. Alles soll böse, grausam, unmenschlich wie ihr Gott sein: Wer ihn erfreuen will, soll die Laster annehmen, ohne damit jedoch eine Hoffnung zu verbinden, dass er dadurch gefallen könnte; denn das Böse, das das Wesen Gottes ausmacht, wird weder für die Liebe noch für die Anerkennung empfänglich sein. Wenn dieser den Mittelpunkt des Bösen und der Grausamkeit bildende Gott peinigt und den Menschen sein Leben lang von der Natur und von anderen Menschen peinigen lässt, warum sollte jener dann zögern, ebenso zu handeln, und zwar vielleicht unfreiwillig auf Inspiration dessen hin, der ihn überlebt und der ... nichts anderes als das Böse selbst ist? ... Kein Mensch kann ... diesem schrecklichen Schicksal entrinnen, von welcher Art auch immer sein Benehmen auf Erden sein mag; denn all das, was aus dem Schoß der Natur,* *das heißt aus dem Schoß des Bösen kommt, muss dorthin zurückkehren. Das ist das Gesetz des Universums. So werden die abscheulichen Elemente des bösen Menschen vom Zentrum der Bosheit, wo Gott ist, aufgesogen, um bei der Rückkehr andere Wesen zu beseelen, die umso verdorbener geboren werden, als sie die Frucht der Korruption sind.*" Was wird aus dem guten Wesen? „*Derjenige, den Sie tugendhaft nennen, ist nicht gut. Und wenn er es Ihnen gegenüber ist, ist er es sicher nicht Gott gegenüber, der nichts als das Böse ist, der nur das Böse will und der nur das Böse fordert. Der Mensch, von dem Sie sprechen, ist nur schwach, und die Schwäche ist ein Übel. Dieser Mensch wird viel stärker leiden, da er viel schwächer als das absolut und vollkommen lasterhafte Wesen ist …*", aber „*je mehr Laster und Freveltaten der Mensch auf dieser Welt unter Beweis stellt, desto mehr wird er sich seinem unveränderlichen Ziel genähert haben, das die Bosheit ist. Wenn er sich mit der Bosheit vereinigt, die ich als die wichtigste Materie bei der Zusammensetzung der Welt betrachte, so wird er demnach weniger zu leiden haben …*"[11] „*Weit davon entfernt, Gott zu leugnen wie der Atheist oder ihn von seinen Fehlern reinzuwaschen wie der Geist*", ist also das Denken des libertinen Wüstlings damit einverstanden, Gott mit all seinen Lastern anzuerkennen. Die Existenz des Bösen in der Welt gibt ihm das Mittel, Gott zu erpressen, der ewig schuldig ist, weil er der erste Aggressor war, und in dieser Absicht hat es immer wieder auf moralische Kategorien zurückgegriffen wie auf einen Vertrag, den Gott gebrochen hat. Das Leiden wird zu einem Wechsel auf Gott.

Von da an muss dieses Denken auch eine negative Beziehung zu seinem Nächsten herstellen: Ich bin glücklich über das Böse, das ich anderen antue, wie Gott glücklich über das Böse ist, das er mir angetan hat … Es zieht seinen Genuss also gerade aus seinem beständigen Gegensatz zum Begriff der Nächstenliebe, ein Gegensatz, dessen es sich in der Theorie von der *Lust am Vergleich* bedient: *„Im übrigen fehlt unserem Glück meiner Meinung nach etwas Wesentliches“*, sagt einer der vier Wüstlinge in den *120 Tagen von Sodom*, *„nämlich die Wonne des gegenüberstellenden Vergleichs, eine Wonne, die nur der Anblick unglücklicher Wesen entzünden kann, und hier sehen wir deren keine. Nur aus der Betrachtung desjenigen, der nicht genießt, was ich besitze, und der leidet, erwächst der Reiz, sich sagen zu können: Wahrlich, ich bin glücklicher als jener; überall dort, wo die Menschen gleich und diese Unterschiede nicht mehr existieren werden, wird das Glück für immer verbannt sein. Es ist das gleiche wie bei der Geschichte des Mannes, der den Wert der Gesundheit erst erkannte, als er krank wurde.“* Warum also die Armen unterstützen? *„Dann würde es ja die Lust, die für mich mit diesem süßen Vergleich zwischen ihrer Lage und der meinen entspringt, gar nicht mehr geben. Wenn ich ihr Elend linderte, wenn ich sie aus ihrer Misere befreite, ließ ich sie einen Moment lang das Glück kosten, das sie auf eine Stufe mit mir stellen würde, und so würde ich mir die Möglichkeit eines genüsslichen Vergleichs rauben. … Um diese dem Glück notwendige Ungleichheit festzuhalten, müsste man … ihre Lage eher verschlimmern.“*[12] So findet das Denken des libertinen Wüstlings Gefallen daran, in der Sphäre der moralischen Kategorien zu bleiben (indem es sie umkehrt), die das atheistische Denken als vom Schwachen geschaffen kritisiert. Aber durch ein Bedürfnis nach Vergleich macht der Starke selbst seiner Kraft den Prozess. Indem er seine Lage mit der des Unglücklichen vergleicht, identifiziert sich der glückliche Mensch fatalerweise mit ihm. Indem er das Objekt seiner Ausschweifung foltert, um dessen Schmerz zu genießen, stellt der

Wüstling sich seinen eigenen Schmerz vor, und indem er sich so seine eigene Folterung vorstellt, stellt er sich auch seine eigene Bestrafung vor. Nachdem er eine Familie von armen Leuten maßlos misshandelt hat, lässt Saint-Fond sich von zwei Männern zum Schein überfallen, die er beauftragt hat, ihn auszupeitschen. Die Furcht, die er dem Schwachen einflößt, wird in der Vorstellung des Starken im gleichen Ausmaß zu seiner eigenen Furcht: *„Ich liebe es, sie eben das spüren zu lassen, was meine Existenz so grausam beunruhigt und erschüttert"*. In diesem Stadium bleibt also das Denken an die Realität eines anderen gebunden, die es negieren will, die es aber durch die Hassliebe, die es ihr entgegenbringt, nur noch intensiver macht: Der Wüstling bleibt an das Opfer seiner Ausschweifung gebunden, dessen Leiden er verlängern möchte, und zwar *„über die Schranken der Ewigkeit hinaus, wenn sie denn überhaupt welche haben kann"*. Ein richtiger Atheist, wenn es ihn denn überhaupt gibt, bindet sich an kein Objekt: Er gehorcht seinen Trieben, der permanenten Bewegung der Natur, deren Kreaturen in seinen Augen nur Abschaum sind. Das Denken des libertinen Wüstlings kann nicht auf seine menschlichen, allzu menschlichen Sehnsüchte verzichten – dazu wäre nur der atheistische Stoizismus in der Lage. Auch bleibt dieses Denken nicht nur vom Nächsten als Opfer besessen, sondern auch von der Idee des Todes: Es kann nicht auf die einzigartige Hoffnung auf ein infernalisches künftiges Leben verzichten, das heißt, es kann der Vernichtung seines „sündigen Körpers" nicht zustimmen, und zwar gerade wegen seiner wahnsinnigen Begierde, verbissen ewig dasselbe Opfer zu verfolgen.[13]

Aber in dieser Phase verrät das Denken dennoch ein dunkles Sühnebedürfnis – wobei die Sühne, wenn dieses Bedürfnis sich das klar machen könnte, keinen anderen

Sinn hätte, als den der eigenen Vernichtung, einer Befreiung von sich durch sich selbst: Das sind die positiven Gegebenheiten dieses Denkens – und zwar in dem Maße, wie das Denken des libertinen Wüstling eines der Momente von Sades eigenem Denken repräsentiert. Ein Sühnebedürfnis mit dem Einverständnis, die ewige Verdammung zu fördern – ohne Zweifel um sich an den Leiden seines Opfers zu weiden –, aber doch ein Einverständnis, das auch noch den Wunsch beinhaltet, dieses Leid zu teilen.

Die Figur des Saint-Fond enthüllt noch ein anderes charakteristisches Merkmal des libertinen Denkens: Den Stolz auf seine eigene Lage, die Verachtung für seinesgleichen und schließlich den mit Furcht gemischten Hass auf *„diese niederträchtige Kanaille, die man Volk nennt"*, wobei alles, was diese hochmütige Haltung bildet, auf gleicher Stufe mit den vollkommensten erniedrigenden Praktiken der Ausschweifung steht, um die volkstümliche Moral zu schockieren: *„Nur Köpfe, die wie unsere veranlagt sind, wissen, dass die Erniedrigung gewisser Handlungen der Libertinage den Stolz nährt."* Was die Denkweise des Volkes oder vielmehr des Bürgers weder zugestehen noch begreifen kann, ist in der Tat, dass diejenigen, die als Hüter der gesellschaftlichen Ordnung angesehen werden, die gesellschaftliche Ordnung durch ihre absichtliche Erniedrigung in Frage und somit alle gesellschaftlichen Werte auf den Kopf stellen. Aber in dieser Erniedrigung drückt sich – auch wenn sie beim sadeschen Libertin nur fiktiv ist – gleichermaßen ein Bedürfnis nach freiwilliger Herabsetzung aus, und in diesem Bedürfnis das Gefühl für das Recht, das einem die Vorstellung der Überlegenheit verschafft: das Recht, den Begriff vom Menschen in seiner eigenen Person zu revidieren, das *Recht zum Experimentieren*, das zu gefährlich ist, um es dem normalen Sterblichen zu gewähren. Die Praktizierung dieses *Rechtes auf verbotene Experimente*, das dem libertinen Denken entspringt, bildet eine der Grundlagen des sadeschen Denkens.

II.

> Wenn der Atheismus Märtyrer will,
> braucht er es nur zu sagen,
> und mein Blut ist bereit.
>
> *Die neue Justine*[14]

Betrachten wir nun die charakteristischen Merkmale des materialistischen Atheismus von Sade, wie er in den Werken erscheint, die zehn Jahre nach dem *Dialog* geschrieben wurden. Nie wieder hat er sich in einem so klaren Stil wie in dieser kleinen Schrift ausgedrückt. Den Materialisten und Enzyklopädisten, die Zeitgenossen von Sade waren, ermöglichte – soweit sie die Materie im Zustand permanenter Bewegung als universell wirkende Kraft anerkannten, die die Notwendigkeit der Existenz eines Gottes ausschloss – die Kenntnis der Gesetze dieser Materie ebenso eine bessere individuelle und gesellschaftliche Moral wie die unbegrenzte rationelle Ausbeutung der Natur durch den Menschen. Aber die Argumente von La Mettrie, Helvetius und d'Holbach erfuhren beim Kontakt mit dem sadeschen Denken eine unerwartete Wandlung: Für Sade bedeutete die Ersetzung Gottes durch eine *Natur im Zustande permanenter Bewegung* nicht die Heraufkunft einer glücklicheren Ära der Menschheit, sondern nur den Beginn der Tragödie und ihre bewusste und freiwillige Akzeptierung. Hier zeigt sich bereits ein Motiv Nietzsches, der den Leiden des Unschuldigen ein Bewusstsein gegenüberstellt, das damit einverstanden ist, an seiner Schuld zu leiden, weil es nur um diesen Preis das Gefühl hat zu leben. Das ist der verborgene Sinn seines Atheismus, der ihn so deutlich von seinen Zeitgenossen unterscheidet. Von einer Materie im Zustand permanenter Bewegung als alleinigem und einzigem Antrieb des Universums auszugehen, bedeutet zugleich, damit einverstanden zu sein, *als Individuum in einem Zustand permanenter Bewegung zu leben.*

„Sobald ein Körper durch seinen Übergang vom Zustand des Lebens in jenen, den man unrichtigerweise Tod nennt, die Bewegung *verloren zu haben scheint, neigt er von derselben Minute zur Auflösung*: Nun ist aber die Auflösung ein sehr großer Bewegungszustand. *Es gibt also keinen einzigen Augenblick, in dem der Körper des Tieres sich in Ruhe befände*; *er stirbt also niemals; und weil er für uns nicht mehr existiert, glauben wir, dass er tatsächlich nicht mehr existiert*: *Das ist der Irrtum. Die Körper verwandeln sich, gestalten sich um: Aber sie sind niemals in einem Zustande der Energielosigkeit. Dieser Zustand ist der Materie absolut unmöglich, sei sie nun organisch oder nicht. Wenn man diese Wahrheiten richtig abwägt, wird man sehen, wohin sie führen und welche Wende sie der Moral des Menschen geben.*“[15]

Bei dieser Feststellung angelangt, an der Schwelle zum Unbekannten, kehrt sein Denken sich gegen sich selbst, weicht zurück und empört sich gegen seine eigenen Ergebnisse, die dennoch unvermeidlich sind. Dann sehen wir, wie es sich wieder fasst und seine Entdeckungen akzeptiert. Auch die atheistischen und materialistischen Reden einiger seiner Gestalten erscheinen uns als ebenso viele Momente seines Denkens, das sich bemüht, die moralischen Kategorien zu überwinden, was diesen Reden ihren eigenartigen dramatischen Tonfall gibt. Ist diese Materie, die in permanenter Bewegung ist, die vor Lust erzittert und Genuss nur in Auflösung und Zerstörung verschafft, wirklich blind und willenlos? Gibt es in dieser universell wirkenden Kraft nicht doch einen Zweck? Und man erlebt folgendes seltsame Schauspiel: Sade beschimpft die Natur, wie er zuvor Gott beschimpft hat, Sade entdeckt in der Natur die Züge dieses Gottes, der die meisten Menschen mit dem Ziel schuf, sie ewige Qualen leiden zu lassen, *„während es der Güte, der Vernunft, der Rechtlichkeit mehr entsprochen hätte, nur Steine und Pflanzen zu schaffen, statt Menschen zu bilden, deren Verhalten ihnen unendliche Züchtigungen zuziehen kann"*. Aber in welch schreckliche Lage versetzt uns die Natur, wenn *„doch in Ihrem Herzen ein solcher Ekel vor dem Leben anwächst, dass kein einziger Mensch, auch wenn es möglich wäre, am Todestag sein Leben von vorn beginnen wollte. Ja, mein Freund, ja, ich verabscheue die Natur, und zwar deshalb, weil ich sie gut kenne. Eingeweiht in ihre schrecklichen Geheimnisse, habe ich über mich selbst nachgedacht und ich habe ... eine unsägliche Lust verspürt, ihre Untaten zu kopieren. Wahrhaftig, sagte ich mir weiter, ist es nicht verächtlich, ist es nicht hassenswert, das Wesen, das mir nur darum das Leben schenkte, damit ich an allem, was meinen Mitmenschen schadet, Freude fände? Wie! Kaum bin ich der Wiege dieses Ungeheuers entwachsen, da lockt es mich zu den gleichen Abscheulichkeiten, die es selber ergötzten? Hier kann nicht mehr von schlechtem Einfluss die Rede sein, ... das ist Veranlagung. Das ist Neigung! Die barbarische Hand der Natur vermag demnach nur das Böse zu formen: Also hat sie am Bösen Freude? Und eine solche Mutter sollte ich fähig sein zu lieben? Nein! Ich werde es ihr gleichtun, aber sie dabei verabscheuen. Ich werde sie kopieren, sie will es so, aber sie dabei verfluchen."*[16] In diesen

Worten drückt sich der Chemiker Almani aus, eine Figur, deren Psychologie ausgezeichnet eine der Positionen reflektiert, die Sades Denken einnimmt. Ebenso wie der libertine Wüstling bewegt sich der Chemiker Almani noch in der Sphäre moralischer Kategorien: Das Böse scheint ihm das einzige Element der Natur zu sein, wie es das einzige Element des *„abwesenden"* Gottes für das Denken des libertinen Wüstlings war – denn auch der verbrecherische Chemiker glaubt, es sei die Auflösung des Bösen, Böses zu tun. Das Denken von Sade zeigt hier nur noch die Haltung einer rein menschlichen Revolte, für die es keine andere Hoffnung gibt, als in der Revolte zu bleiben. Denn der gegen die Natur gerichtete Vorwurf ist offensichtlich noch mehr als der gegen Gott gerichtete Vorwurf dazu bestimmt, ohne Antwort und sogar ohne psychischen Nutzen zu bleiben, da er sich gegen eine Instanz richtet, deren Begriff selbst jede Vorstellung von Rechtfertigung ausschließt. Der atheistische Geist, der den Fluch gegen die Natur schleudert, hat also diesen Vorwurf sinnlos machen wollen, den er nicht unterdrücken kann und der ihm wider Willen entführt. Obwohl das Denken die Natur als höchste Instanz akzeptiert, hat es noch nicht auf den Mechanismus der moralischen Kategorien verzichtet; in seinem Kampf mit Gott erschien es ihm nützlich, ihn beizubehalten: Es konnte sich an Gott rächen. Aber nachdem Gott nicht mehr anerkannt wurde, war dieses Manöver durch die permanente Bewegung vereitelt: Denn da der Begriff der Bewegung jede Vorstellung von Vernichtung auflöst, die jetzt nur noch eine Modifikation der Formen der Materie ist, kann der Mensch nicht mehr mit Beleidigungen auf das reagieren, was er als Beleidigung durch die Natur empfindet. Der Mensch fühlt sich um seine Rache gebracht.

Und infolgedessen sehen wir, wie in den Ausführungen Almanis ein anderer Faktor interveniert, sodass das Böse in seiner Rede nur noch als ein einfacher Begriff erscheint, der geeignet ist, die Wirkung der natürlichen Energie zu übersetzen, mit der der Geist des Gelehrten sich identifiziert. Wir sehen, wie sich ein Versöhnungsversuch mit der universellen Ordnung oder besser Unordnung in Almanis Entschluss anbahnt, die „*Verworfenheit*" der Natur nachzuahmen: Während immer noch Entrüstung vorgetäuscht wird, zeigen sich bereits Neugier und Wissbegierde: Der Geist neigt mehr und mehr dazu, sich als integralen Bestandteil der Natur, dem Bereich seiner Untersuchungen, zu begreifen. Und zwar genau dann, wenn er in den natürlichen Phänomenen nicht mehr nur blinde und notwendige Gesetze entdeckt, sondern seine eigenen Absichten, das heißt, eine Übereinstimmung zwischen seinen Absichten und den Phänomenen, die ihm als ebenso viele Suggestionen erscheinen, die der Geist zu verwirklichen sich berufen fühlt.

„*Die Züchtigungen entsprechen immer dem Verbrechen und die Verbrechen entsprechen immer dem Wissen des Schuldigen: Deshalb setzt die Sintflut unerhörte Verbrechen voraus, und diese Verbrechen setzen ein Wissen voraus, das unendlich über unserem heutigen steht.*" So äußert sich Joseph de Maistre zum Thema Erbsünde. Bemerkenswert ist hier der Begriff *Wissen-Verbrechen*. Wird er nicht in einzigartiger Weise durch das Denken von Sade und vor allen von einigen seiner Helden repräsentiert? Wenn das Wissen schließlich zum Verbrechen geworden ist, muss das, was man als Verbrechen bezeichnet, immer noch den Schlüssel zum Wissen enthalten. Und nur dadurch, dass der Geist die *Sphäre des Verbrechens* immer weiter ausdehnt und zu *unerhörten Verbrechen* gelangt, kann er das verlorene Wissen wiedergewinnen, *„ein Wissen, das unendlich über unserem heutigen steht"*.

III.

Mit solchen Überlegungen bringt Sade den materialistischen Atheismus in jene Form eines transzendentalen Fatalismus, die der Papst Juliette ausführlich in seinem *System der Natur* vorstellt.[17] Hier verlässt das Denken Sades entschlossen den Bereich des Menschlichen, um sich in eine mythische Kosmogonie zu integrieren (anscheinend der einzige Ausweg für das Denken, seinem Prozess zu entkommen, in dem es sich, wie schon zu Anfang, ständig angeklagt fühlt), indem es vergeblich einen Richter sucht, der es freispricht, nachdem es sich der Zuständigkeit der moralischen Instanz der Menschen entzogen hat.

Sade nimmt zunächst eine *ursprüngliche und ewige Natur* außerhalb der drei Kräfte[18], außerhalb der Gattungen und Geschöpfe an. *„Wenn sich die Natur anderen Gesetzen unterworfen sieht, werden die Kreaturen, die aus den augenblicklichen Gesetzen stammen, unter den neuen Gesetzen nicht mehr existieren; die Natur wird jedoch immer existieren, wenn auch unter verschiedenen Gesetzen."*[19] Die *„weder schönen, noch guten oder vollendeten"* Geschöpfe sind nur das Ergebnis ihrer blinden Gesetze. Die Natur schafft den Menschen also gegen ihren eigenen Willen; sie schafft bestimmte Gesetze für den Menschen und von diesem Moment an hat sie keinen Einfluss mehr auf ihn. Diese ursprüngliche Natur wird so, zu Beginn der Rede des Papstes, als völlig getrennt von der Natur des Menschen betrachtet. Aber auch wenn der Mensch nicht mehr von dieser ursprünglichen Natur abhängig ist, kann er doch nicht seinen eigenen Gesetzen entgehen, den Gesetzen seines persönlichen Umgangs, seiner Vermehrung. Gesetze, die für die Natur keineswegs notwendig sind und die bereits ein Beweis für seine Nutzlosigkeit im Universum sind: Er könnte seine Gattung vervierfachen oder völlig vernichten, das Universum würde dadurch nicht im Geringsten verändert. Aber hier bemerkt Sade, wie die Natur sich bewusst wird, dass sie einen Konkurrenten hat, den sie durch ihre eigene Bewegung hervorgebracht hat: „*Wenn der Mensch sich vermehrt, hat er sich zu Folge recht, wenn er sich zerstört, hat er sich zu Folge immer unrecht; aber aus der Sicht der Natur ändert sich das alles; wenn er sich vermehrt, hat er unrecht; denn er raubt der Natur die Ehre eines neuen Phänomens, das Resultat ihrer Gesetze, die notwendigerweise Kreaturen schaffen. Wenn diejenigen, die einmal angelegt sind, sich gar nicht fortpflanzen, so würde sie neue Wesen anlegen und eine Fähigkeit genießen, die sie nicht mehr hat.*“[20] Wenn der Mensch sich vermehrt, indem er einem nur in ihm liegenden Gesetz folgt, schadet er entschieden den natürlichen Phänomenen, zu denen die Natur fähig ist. Da Sade diesen Konflikt voraussieht, ändert er seine Terminologie, um sie dem sich zuspitzenden Prozess anzugleichen: „*Wenn die Kreaturen sich vernichten, haben sie aus der Sicht der Natur recht: Denn dann würden sie nicht mehr eine überkommene Fähigkeit und auch kein aufgezwungenes Gesetz benutzen, sondern der Natur wieder zu der Notwendigkeit verhelfen, eines ihrer schönsten Vermögen zu entwickeln*“.[21] Die Vermehrung wird also nicht mehr als ein Gesetz angesehen, dem die Kreatur sich nicht entziehen könnte, sie ist nur noch ein Vermögen, das mit dem ursprünglichen Vermögen der Natur konkurriert. In dem Maße, wie in der Rede des Papstes der Konflikt beschrieben wird, enthüllt sich die Natur, die zunächst als blinden Gesetzen gehorchend beschrieben wurde, immer mehr als intentional: als *„schöpferische Entwicklung"*. Mehr noch, Sade sagt ausdrücklich, dass der Mensch, indem er sich vermehrt oder sich nicht vernichtet, die Natur mit den sekundären Gesetzen der Gattung verbindet und sie ihrer aktivsten Kraft beraubt.[22] Wenn die Natur sich so als der erste Sklave ihrer Gesetze erweist, scheint sie sich dessen allerdings bewusst zu sein und stürmisch den Wunsch zum Ausdruck zu bringen, die Ketten ihrer Gesetze zu brechen: *„Nun beweist sie uns nicht, bis zu welchem Punkt unsere Vermehrung sie hindert, wie sehr sie Lust hätte, noch einmal zuzuschlagen, indem sie sie zerstört? … Beweist sie es uns nicht durch Landplagen, mit denen sie uns unaufhörlich überzieht, durch den Streit, durch die Zwietracht, die sie zwischen uns sät? … Durch die Neigung zum Mord, die sie uns jeden Augenblick einflößt? … Auch die Mordtaten, die nach unseren Gesetzen so hart bestraft werden, diese Mordtaten, die wir als die größte Schmach betrachten, die man der Natur antun kann, verletzen nicht nur, wie Sie sehen, keines ihrer Rechte und können das auch nicht tun, sondern sie werden in ihren Augen sogar auf eine gewisse Art und Weise nützlich; wir sehen sie diese Taten oft nachahmen, und es ist ganz sicher, dass sie dergleichen nur tut, weil sie die totale Vernichtung der einmal angelegten Kreaturen wünscht, um die ihr eigene Fähigkeit zu genießen, daraus neue zu schaffen. Der größte Schurke der Erde, der abscheulichste, grausamste, barbarische Mörder ist also nur ein Organ ihrer Gesetze, nur die Triebkraft ihrer Launen und der sicherste Anstoß ihrer Ausschweifungen."*[23]

Wir können auf diesen Seiten den Weg ermessen, den das sadesche Denken seit der Theologie eines Höchsten Wesens des Bösen bis zu dieser Konzeption von Natur durchlaufen hat. Wir haben zunächst gesehen, wie die Existenz Gottes akzeptiert wurde, um ihn für schuldig zu erklären und Nutzen aus seiner ewigen Schuldhaftigkeit zu ziehen; dann haben wir gesehen, wie dieser Gott mit einer nicht weniger grausamen Natur vermischt wurde, wobei immer von moralischen Kategorien ausgegangen wurde. Aber diese Verteufelung der Natur hat nur die Liquidierung menschlicher Kategorien vorbereitet. Die Konzeption einer Natur, die danach strebt ihre aktivste Kraft wiederzufinden, kennzeichnet in der Tat gerade die Entmenschlichung des Denkens von Sade, eine Entmenschlichung, die nun die Form einer einzigartigen Metaphysik annimmt. Wenn Sade, im Gegensatz zu allem, was er sonst behauptet, soweit geht, Menschen als völlig geschieden von der Natur zu betrachten, so geschieht dies zunächst, um deutlicher die grundlegende Disharmonie der Begriffe des menschlichen Wesens mit dem Universum hervortreten zu lassen; also um zu erklären, wie sehr der Umfang der Versuche, die er dieser Natur zuschreibt, um ihre Rechte wiederzuerlangen, vom Ausmaß dieser Disharmonie abhängen muss. Schließlich können wir darin den Willen Sades sehen, sich vom Menschen loszusagen, indem er sich dem kategorischen Imperativ einer kosmischen Instanz unterstellt, die die Vernichtung alles Menschlichen verlangt. Zweifellos erhoffte sich Sade nach dem Vorbild dieser Natur, dieser Sklavin ihrer eigenen Gesetze, seine völlige Befreiung. Aber, heißt es weiter im *System von Papst Pius VI.*, wenn die Natur versucht, ihre Kräfte wiederzuerlangen, indem sie von Zeit zu Zeit ganze Bevölkerungen durch Krankheit, Sintflut, Krieg, Zwietracht oder Verbrechen von Wüstlingen umkommen lässt, dann wird nur die sekundäre Natur der drei Kräfte davon profitieren, die von den

Gesetzen einer permanenten Metempsychose beherrscht wird. Und wenn sie große Verbrecher oder große Plagen aussendet, um diese drei Kräfte zu vernichten, ist das wiederum nur ein Akt der Ohnmacht: Denn, um sie verschwinden zu lassen, müsste die Natur sich selbst völlig zerstören, was nicht in ihrer Macht liegt … „*So hilft der größte Schurke durch seine Mordtaten nicht nur den Absichten der Natur, die diese von sich aus jedoch niemals erreichen kann, sondern er hilft sogar auch jenen Gesetzen, die den Kräften beim ersten Anlauf mitgegeben wurden. Ich sage beim ersten Anlauf, um das Verstehen meines Systems zu erleichtern; wenn es niemals eine Schöpfung gegeben hat und da die Natur ewig ist, sind die Anläufe etwas Immerwährendes, solange es Wesen gibt. Sie würden es aufhören zu sein, wenn es deren keine mehr gäbe, und damit würden sie die zweiten Anläufe begünstigen, nämlich diejenigen, die die Natur sich wünscht, zu der sie jedoch nur gelangen kann durch jene totale Zerstörung, die das Ziel ist, das auch die Verbrechen im Auge haben. Daraus ergibt sich, dass derjenige Verbrecher der Natur am besten gedient hätte, der die drei Kräfte zugleich stürzen könnte, indem er sie selbst und ihre produktiven Fähigkeiten vernichtet.*“[24] Eine zu vollkommene Harmonie wäre noch unangenehmer als die Unordnung: Wenn Krieg, Zwietracht und Verbrechen von der Erde verbannt würden, würde der zu gewalttätig gewordene Geist der drei Kräfte seinerseits alle anderen Naturgesetze zerstören: „*Die Himmelskörper würden stehenbleiben, die Einflüsse würden durch die zu groß gewordene Macht eines von ihnen unterbrochen werden. Es würde weder Schwerkraft noch Bewegung mehr geben. Also sind es die Verbrechen des Menschen, die dadurch, dass sie Unordnung in den Einfluss der drei Kräfte bringen, diesen Einfluss daran hindern, zu einem alle andere in Unordnung bringenden Punkt der Überlegenheit zu gelangen, und dass sie so das Universum in jenem perfekten Gleichgewicht halten, das Horaz die Eintracht aller Dinge* [rerum concordia discors] *nannte. Das Verbrechen ist also notwendig in dieser Welt. Am nützlichsten aber sind zweifellos diejenigen, die am meisten verwirren, etwa durch die Weigerung zur Vermehrung oder durch die Zerstörung …*" Und weiter: „*… Denn es werden niemals genug Mordtaten auf der Welt begangen angesichts der heftigen Begierde, die die Natur danach empfindet.*"[25]

Sade erhebt sich bis zum Mythos. Die Philosophie seines Jahrhunderts genügte ihm nicht mehr, wenn es darum ging, die Probleme zu lösen, die durch die Grausamkeit gestellt wurden, die er, wie man sehen wird, in ein universelles System *integrieren* wollte, wo sie wieder in ihrem Reinzustand hergestellt wäre, indem sie ihre kosmische Funktion wiederfindet. Von da an haben die Leidenschaften – von den *einfachen Leidenschaften* bis zu den *komplizierten Leidenschaften* – eine transzendentale Reichweite: Wenn der Mensch glaubt, sich Befriedigung verschaffen zu können, indem er ihnen gehorcht, befriedigt er in Wirklichkeit nur einen Drang, der über seine Individualität hinausgeht. „*Dieser Mörder glaubt, dass er zerstört, er glaubt, dass er vernichtet. Und von daher kommen gelegentlich seine Gewissensbisse. Wir wollen ihn in dieser Sache aber vollkommen beruhigen, und wenn das von mir gerade entwickelte System ihm noch nicht zugänglich ist, so werden wir ihm durch die vor seinen Augen vorüberziehenden Tatsachen beweisen, dass er selbst nicht die Ehre hat zu zerstören, sondern dass es die Vernichtung – mit der er sich brüstet, sofern er gesund ist, oder vor der er zittert, wenn er krank ist – überhaupt nicht gibt und dass es ihm also unglücklicherweise unmöglich ist, darin Erfolg zu haben.*"[26]

Vergleichen wir kurz das Lebens- und Todesprinzip, das bei Sade die neue Position des Destruktionsproblems bestimmen sollte, mit dem Begriff des Todestriebes von Freud, der, indem er diesem den Begriff des Eros, den Trieb des organischen Lebens, gegenüberstellte, mit Hilfe dieser beiden Begriffe seine ontologische Theorie aufstellte. Während Freud nur das Leben im organischen Zustand betrachtet, geht Sade, der viel metaphysischer ist, als es den Anschein hat, der keinen Unterschied zwischen organischem und anorganischem Leben macht und der jenseits der Überlegungen zur Gattung und letztlich auch jenseits des gesellschaftlichen Milieus steht, nur von einem einzigen Prinzip aus: *„Das Prinzip des Lebens ist – bei allen Wesen – kein anderes als das des Todes. Wir empfangen beides und nähren in uns beides zur gleichen Zeit. In dem Augenblich, den wir den Tod nennen, scheint sich alles aufzulösen. Wir glauben dies wegen der außerordentlichen Verschiedenheit, in der sich dann dieser nicht mehr zu leben scheinende Teil der Materie befindet. Aber dieser Tod ist nur eingebildet, er existiert nur symbolisch und ohne jegliche Realität. Die Materie wird dadurch nicht vernichtet, dass ihr jener subtile Teil genommen wurde, der ihr die Bewegung gab. Sie wechselt nur die Form, sie geht in Fäulnis über, und das ist schon ein Beweis für eine Bewegung, die sie behält. Sie liefert der Erde Säfte, düngt sie und dient zur Regeneration der anderen Kräfte, wie auch zur eigenen Regeneration. Es gibt letzten Endes keinen wesentlichen Unterschied zwischen dem ersten Leben, das wir erhalten, und dem zweiten, das mit dem gleichbedeutend ist, was wir Tod nennen. Denn das eine entsteht durch die Gestaltung der Materie, die sich in der Gebärmutter der Frau organisiert, und das andere entsteht gleichfalls aus dieser Materie, die sich im Innern der Erde erneuert und reorganisiert … Die erste Entstehung,* *die wir Leben nennen, ist für uns eine Art Muster. Die besagten Gesetze kommen bei dieser ersten Entstehung durch die Erschöpfung zur Wirkung, bei der anderen durch die Zerstörung. Die erste braucht eine Art verdorbener Materie, die zweite eine in Fäulnis übergegangene Materie. Und da haben wir den einzigen Anlass jener Unermesslichkeit aufeinanderfolgender Schöpfungen. Sie entsprechen hier wie da nur diesen ersten Prinzipien der Erschöpfung oder der Zerstörung.*"[27]

Verderbnis, Fäulnis, Auflösung, Zerrüttung und Vernichtung – das sind Aspekte von Lebensphänomenen, die für Sade gleichermaßen eine moralische und eine physische Bedeutung haben. Nur die Bewegung ist wirklich: Die Geschöpfe sind darin nur ihre Übergangszustände. Man ist, zweifellos mit großer Vorsicht, geneigt, diese Konzeption der permanenten Bewegung mit der altindischen Lehre der Samsara[28] in Verbindung zu bringen. Ist dieses Streben der Natur, zu entkommen und einen unbedingten Zustand wiederzufinden, nicht ein Traum, der dem des Nirwana nahesteht – zumindest in dem Maße, wie ein abendländischer Träumer dazu fähig ist? Aber anstatt den Weg einzuschlagen, den Schopenhauer gesucht hat, öffnet Sade den Weg, der zu Nietzsche führt: die Akzeptierung der Samsara – und der *Ewigen Wiederkehr des Gleichen*.

IV.

Wird das sadesche Denken, das den Begriff einer Natur erreicht hat, die weder hinterlistig ist, wie das Höchste Wesen des Bösen, noch gefräßig, wie der Minotaurus, sondern den Begriff einer Natur, die der erste Sklave ihrer eigenen Gesetze ist, das erste Opfer unter den Opfern des Universums – wird dieses Denken sich nicht in irgendeiner Weise als ein Mikrokosmos dieser Natur begreifen, der wie sie unter seiner eigenen Bewegung leidet? Eine Bewegung, die ihm keine völlige Verwirklichung erlaubt, sondern es ihm nur ermöglicht, zu erschaffen, zu zerstören und mit seinen Geschöpfen immer wieder neu den Beweis für seine Ohnmacht zu erschaffen. Das *„System"* des Papstes zeigte uns zwei konkurrierende Kräfte: Das Streben der Natur, ihre aktivste Kraft wiederzuerlangen, und das Lebens- und Todesprinzip der drei Kräfte, das Prinzip der permanenten Bewegung, das die aufeinander folgenden Schöpfungen bestimmt; aber sie sind in Wirklichkeit nur ein und dasselbe Phänomen: Die permanente Bewegung ist blind, und das Streben den *Gesetzen dieser Bewegung* (durch Umwälzungen und Verbrechen) zu entkommen, bedeutet nur, sich dieser Bewegung bewusst zu werden. Das sadesche Bewusstsein sollte in dieser Dualität seinen eigenen Konflikt entdecken und vielleicht seine endgültige Lösung sehen. Stellt sich mit dem Problem *Kreation/Destruktion* der Geschöpfe, das sich der Natur stellt, für das sadesche Bewusstsein nicht das Problem der Realität des anderen? Schafft sich das sadesche Bewusstsein durch seinen Willen, sich selbst zu schaffen, nicht den Nächsten, so wie die Natur sich durch ihren Schöpfungswillen Hindernisse schafft? Und das gerade aufgrund der Notwendigkeit, den anderen zu vernichten? Es wollte diese Notwendigkeit brechen, aber durch dieses Streben nach Unschuld, erkennt es den anderen an, gibt es dem anderen Realität; dennoch bleibt es in der Notwendigkeit zu zerstören: Und da es den anderen erhalten will, wird es schuldig, wo es den anderen nur erhält, um ihn zu zerstören. Wird das sadesche Bewusstsein ebenso wie die Natur, die zugleich nach ihrer aktivsten Kraft strebt und auf sie verzichtet, den anderen aufgeben können und akzeptieren zu zerstören?

V.

Wenn der Vergleich mit dem Unglücklichen, der für das Glück des libertinen Bewusstseins unerlässlich ist, die Existenz eines Nächsten voraussetzt, muss der erste Schritt in Richtung auf eine *Renaturalisierung* der Grausamkeit also sein, die Realität des Nächsten zu negieren – den Begriff des Nächsten seines Inhalts zu entleeren. Indem die Lust am Vergleich den Nächsten mit ins Spiel bringt, bezieht sie sich auch auf das Böse: Das libertine Bewusstsein begeht den Fehler, die *Nächstenliebe*, dieses „Hirngespinst", von dem Sade besessen ist, in eine *Hassliebe* zum Nächsten umzuwandeln. Die Hassliebe zum Nächsten kann nur eine Etappe auf dem Weg zur Auflösung der Realität des anderen und seiner selbst sein.

Wie könnte das sadesche Bewusstsein jemals auf sein Objekt, also auf den anderen verzichten, um entsprechend seiner Vorstellung einer vom Schöpfungsbedürfnis befreiten Natur die Zerstörung in reinster Form zu akzeptieren? Und nicht nur auf den anderen verzichten, sondern auch auf seine individuelle Beschaffenheit als *Ich*.

Viele Erklärungen der Gestalten Sades enthalten, in scheinbar solipsistischen Wendungen, eine Lehre mit völlig entgegengesetzten Schlussfolgerungen. Mit dem Begriff einer *Natur, die nach ihrer wirksamsten Kraft strebt*, setzt diese Lehre das Prinzip des absoluten und souveränen Begehrens. Aber im Namen dieses Prinzips etabliert sie zwischen dem *Ich* und dem *anderen* eine negative Reziprozität: „*Die falschen Ideen, die wir von den uns umgebenden Geschöpfen haben, sind noch die Quelle einer Unsumme von moralischen Irrtümern; wir schaffen uns phantastische Pflichten gegenüber diesen Geschöpfen, und zwar deshalb, weil diese glauben, sie hätten solche uns gegenüber. Haben wir die Kraft, auf das zu verzichten, was wir von den anderen erwarten, und unsere Pflichten ihnen gegenüber erlöschen sogleich. Ich frage Sie, was sind denn alle Geschöpfe der Erde gegenüber einer einzigen unserer Begierden? Warum sollte ich mich der geringsten berauben, um einem Geschöpf zu gefallen, das mir nichts ist und mich nicht interessiert?*“[29]

Wenn der andere *nichts* für mich ist, dann folgt daraus, dass ich nicht nur *nichts* für ihn bin, sondern ebenso *nichts* im Hinblick auf mein eigenes Bewusstsein und weit davon entfernt, dass das Bewusstsein noch das *meine* ist. Denn wenn ich auf moralischer Ebene mit dem anderen breche, kann ich selbst auf der Ebene der Existenz nicht mehr über mich verfügen: Jeden Augenblick kann ich der Gnade des anderen ausgeliefert sein, der das Gleiche sagen würde. Haben wir die Kraft, zu verzichten … Aber diese Forderung ist pragmatischer Art. Die Reflexion, die sie vorbereitet, geht in ihren Überlegungen, die dieser Art von Aussagen vorausgehen, viel weiter.

Der moralische Nihilismus, der dazu neigt, das Bewusstsein seiner selbst und des anderen auf der Handlungsebene zu unterdrücken, bei Sade aber trotzdem Widersprüche einschließt, erscheint hier als letzte Konsequenz seines Atheismus. In der Tat beschränkt Sade sich nicht darauf, die Existenz eines persönlichen Gottes, das Prinzip des verantwortlichen Ichs, Garant seiner Verfügungsgewalt über sich selbst und seines Geheimnisses, zu negieren, er nimmt auch mit diesem Prinzip den Kampf auf. Da er den Kampf gegen die Erhaltung und Vermehrung der Gattung aufgenommen hat, muss er zugleich alles bis hin zum normativen Prinzip der Individuation in Frage stellen, um jenen Auflösungskräften freie Bahn zu verschaffen, die er beschrieben hat, nämlich den Perversionen, den Anomalien, also den Erscheinungen der sinnlichen Polymorphie im Individuum, auf deren Kosten die bewusste Individuation im Individuum zustande gekommen ist. Aber weit davon entfernt, sich mit ihrer Beschreibung zu begnügen, hat er ihnen die Beredsamkeit seiner Figuren verliehen, die die Existenz Gottes, des Garanten der Normen widerlegen, um in der Sprache eben dieser Normen die Anomalien zu verteidigen, die sie repräsentieren. Die angeblichen Anomalien sind aber nur insoweit welche, wie sie sich in dieser Sprache ausdrücken, nämlich in der des Bewusstseins, die ihren positiven Gehalt, also die sinnliche Polymorphie, nur auf negative Weise, also der rationalistischen Terminologie entsprechend darstellen konnte, der Sade verpflichtet bleibt. Aber wenn man hier Sades eigenartige Beziehung zur Vernunft berührt (die ständige Interaktion der Anomalie und des Denkens, die Widersprüchlichkeit der Vernunft, die zwar universell sein will, aber in der aufs Äußerste zugespitzten Form der auf sich selbst reduzierten Vernunft für den Sonderfall der Anomalie plädiert), begegnet man sogleich dem Abenteuer des Bewusstseins mit seinen Missverständnissen und Fallen wieder, sobald es die Kräfte reflektiert, die der Individuation feindlich sind, und sie, auf den Kopf gestellt, in einen Diskurs übersetzt, der seine Grundlage, seinen Träger, anklagt.

Sade verdeutlicht dieses Missverständnis, ohne es explizit zu entwirren, aber er hat seine Fallstricke in seinen

Figuren verborgen, als ob es die Triebkraft des sadeschen Bewusstseins bildete.

Das Maß an Grausamkeit, mit dem die Natur jedes Individuum mehr oder weniger ausgestattet hat, wäre also nur der dem Begehren entgegengesetzte Trieb, mit dem sich jeder in seinem primären Egoismus identifiziert, als ob er der einzige Träger wäre, wenn dieser Trieb dazu neigt, ihn ebenso zu zerstören, wie er zur Zerstörung der anderen neigt.

Wer fragt: „Was bedeuten alle Geschöpfe der Erde gegenüber einer einzigen unserer Begierden?", ist schon Opfer eines Missverständnisses, Spielball eines individuierten Triebes, der sich selbst prüft und über seine Individualität erbost ist. Der Trieb des Begehrens kann dem Individuum seinen absoluten Charakter verleihen, das seinerseits der stummen Begierde seine Sprache leiht. Die Rede entlehnt dem Trieb seine Gewalt, die in einem Individuum eingesperrt ist, das ebenso unter ihr leidet, wie es andere unter ihr leiden lassen möchte. Daher die Umkehrung der Herausforderung, deren Gegenstand er selbst ist, gegen die anderen: Wir müssen die Kraft haben, auf das zu verzichten, was wir von den anderen erwarten … Eine Art Zerreißprobe, die ihren rhetorischen Solipsismus dadurch kompensiert, dass sie das Selbstbewusstsein erneut in Frage stellt.

Davon ausgehend hat Sade versucht, durch eine Negation der Zerstörung einen Ausweg für die Notwendigkeit zur Zerstörung zu finden, als sein Begriff der *Natur, die ihre eigenen Werke zerstört*, die Zerstörung mit der Reinheit des Begehrens gleichsetzte. Das ist der Gegenstand seiner Moral der Leidenschaftslosigkeit oder Apathie, deren Therapeutik diesen Verzicht auf die Realität seiner selbst erreichen soll.

Die Praxis der Leidenschaftslosigkeit, wie die Figuren von Sade sie suggerieren, setzt voraus, dass das, was man *Seele, Bewusstsein, Empfindsamkeit* und *Herz* nennt, nur verschiedene Strukturen sind, die von einer Konzentration derselben Triebkräfte affektiv bestimmt werden. Sie können unter dem Druck der Welt der anderen die Struktur eines Einschüchterungsorgans bekommen, aber unter dem inneren Druck dieser Kräfte auch die eines Subversionsorgans, und das immer auf eine ganz unmittelbare Weise. Aber es sind immer dieselben Triebe, die uns zugleich einschüchtern und in Aufruhr versetzen.

Beruhige deine Seele … versuch dir mit allem, was dein Herz beunruhigt, Freuden zu machen: Du wirst es in diesem Stoizismus bald zur Vollkommenheit gebracht haben und fühlen, wie aus dieser Leidenschaftslosigkeit eine Menge von neuen Freuden entsteht, die viel köstlicher sind als die, die du in der Quelle deiner kläglichen Empfindsamkeit zu finden glaubst … Glaubst du, dass ich in meiner Kindheit nicht auch ein Herz wie du hatte? Aber ich habe seine Stimme unterdrückt, und in dieser wollüstigen Unbarmherzigkeit habe ich den Ursprung für eine Vielzahl von Ausschweifungen und Lüsten entdeckt, die mehr wert sind als meine Schwächen … Ich habe aus meinen Fehlern Prinzipien gemacht und seit diesem Augenblick kenne ich das Glück.

Wie wirkt dieser *einschüchternde* Aufruhr oder diese *aufständische* Einschüchterung in uns? Durch Bilder, die den Handlungen vorausgehen, die uns aufstacheln, zu handeln oder uns zu fügen, und auch durch die Bilder von begangenen Handlungen, die wiederauftauchen und das Gewissen quälen, wenn die müßigen Triebe sie rekonstruieren. Aber *einerseits die Unmöglichkeit der Wiedergutmachung, andererseits die Unmöglichkeit, etwas erahnen zu können, was man noch mehr bereuen muss –*

und das Gewissen wird derartig betäubt und verstummt in einem Maße, dass Sie fähig werden, das Verbrechen bis über die Grenzen des Lebens hinaus zu verlängern; das zeigt Ihnen, dass dieser Zustand des Gewissens gegenüber den anderen Seelenregungen die Besonderheit hat, dass er dadurch vergeht, dass man ihn steigert.[30]

Übrigens bemerkt Sade an anderer Stelle, dass für die Empfindungsfähigkeit das gleiche gilt: *Sie ausdehnen, heißt sie vernichten.*[31] Wodurch sich bestätigt, dass dieselben Triebe in der einen wie in der anderen Struktur am Werk sind, als Einschüchterungs- oder als Subversionsorgane. So hat das Bewusstsein unserer selbst und der anderen die transparenteste und zerbrechlichste Funktion. Wenn unsere Triebe uns in Form von Angst oder Gewissensbissen einschüchtern, sei es durch Bilder von begangenen oder zu begehenden Taten, dann müssen wir jedes Mal – wie auch immer geartete – Taten an die Stelle ihrer Bilder setzen, wenn die Bilder die Tendenz haben, sich an die Stelle der Taten zu setzen, um sie zu verhindern. So wird Juliette empfohlen, *„kalten Blutes das [zu] wiederholen, was einem, im Rausche getan, selbst Gewissensbisse schafft. Auf diese Weise führt man einen energischen Schlag gegen die Tugend, wenn sie sich wieder meldet, und die Gewohnheit, sie gerade in dem Momente zu verletzen, wenn ihr die Ruhe der Sinne Lust gibt, zu erscheinen, ist das beste Mittel, sie auf immer zu verscheuchen. Es ist untrüglich. Sobald ein Moment der Ruhe eintritt und die Tugend erscheint in Gestalt von Gewissensbissen (denn das ist die Verkleidung, die sie immer wählt, um uns wieder in ihre Gewalt zu bekommen), sofort wiederhole die Tat, die dir Gewissensbisse schuf.“*[32]

Wie wäre diese Praxis der Leidenschaftslosigkeit auszuführen, wenn man zur *wollüstigen Unbarmherzigkeit* gelangen will? Nichts schiene in der Tat widersprüchlicher als dieser Bruch mit dem anderen bei Sade, wenn genau die Abschaffung unserer Pflichten gegenüber dem anderen, und folglich die Ausschließung des anderen aus meiner Empfindung sich immer durch Handlungen ausdrücken müsste, die den anderen brauchen, um gewaltsam zu sein, und die damit sofort die Realität des anderen und meine eigene wiederherstellen würden.

Wenn der andere nichts mehr für mich ist und wenn ich nichts für den anderen bin, fragt sich, wie Handlungen von einem Nichts an einem Nichts begangen werden können?

Damit dieses Nichts niemals wieder von meiner Realität und der des anderen erfüllt wird – weder durch Genuss noch durch Gewissensbisse – muss ich in einer endlosen Wiederholung von Handlungen verschwinden; dabei besteht die Gefahr, dass ich sie bereue, weil – sobald ich sie unterbreche – die Realität des anderen zurückkehrt, oder dass ich diesen Genuss überschätze, den sie mir bereiten, weil – sobald ich diesen Genuss auf mich beziehe – entweder die Reue oder die Beziehungen zum anderen die Quelle wären.

Worin bestand der Irrtum von Saint-Fond, dem vollkommenen Typus des perversen Libertins, der über das Stadium der negativen Sympathie nicht hinausgegangen ist? Darin, dass er seinem Opfer genauso viel Realität zugestand wie sich selbst. Sein Bewusstsein wird tatsächlich von seinen eigenen Trieben eingeschüchtert, weil er unaufhörlich immer dasselbe Opfer verfolgen will, bis in alle Ewigkeit. Sein Selbstbewusstsein bleibt von der Vorstellung abhängig, die er sich unaufhörlich von dem Bewusstsein macht, das sein Opfer von sich selbst hat, wenn es leidet und sich somit zum Komplizen der Genüsse seines Folterers macht.

Was bezweckt also diese Wiederholung immer gleicher Handlungen, die die Moral der Leidenschaftslosigkeit diktiert? Sade hat diese Schwierigkeit sehr wohl erkannt, auch wenn er das Dilemma nicht lösen konnte: Der Genuss, den mir selbst noch der negative Kontakt zum anderen verschafft, muss ebenso verhindert werden wie die Gewissensbisse. Denn der Gewissensbiss ist hier nur die Kehrseite des Genusses, und beide stellen ein unterschiedliches Verhalten derselben Triebe dar. Von da an dürfen die Handlungen nicht mehr von dem Genuss bestimmt werden, den die besondere Eigenschaft eines einzigen „Opfers" bietet, sondern nur durch die Negation von Objekten, die zu solchen Handlungen anstachelt. Und damit ihre Wiederholung als Negation der Zerstörung selbst gelten kann (die so weit geht, sie jeden Inhalts zu entleeren), entspricht diesen wiederholten Handlungen die Zahl, die Quantität der geopferten Objekte. Mit der Quantität verlieren die Opfer ihren Wert, löst sich die eigene Realität und die des anderen auf. So will die Moral der Leidenschaftslosigkeit, die die heftigste sinnliche Erregung beherrscht, diese mit einer nicht weniger großen Wachsamkeit in Einklang bringen, um ihre Reinheit sicherzustellen. Und wenn ihre Praktizierung darin besteht, kaltblütig das Gleiche zu tun, was uns, im Rausch begangen, Gewissensbisse hat machen können, dann könnte eine solche Regel, jedes Mal wenn die Tugend uns Gewissensbisse verursachen würde, sowohl der Tugend wie dem Laster dienen. *Selbst mit Hilfe der Tugend würdest du es nicht mehr bereuen können, denn du wirst dich daran gewöhnt haben, Böses zu tun, sobald sie sich zeigt, und, um nichts Böses mehr zu tun, wirst du sie daran hindern zu erscheinen …*

Ist das die eigentliche Lösung des dialektischen Dramas im sadeschen Bewusstsein? Falls dieses Bewusstsein nicht überhaupt per Definition jede Lösung ausschließt? Wir haben gesehen, wie es – um über den Begriff des Bösen hinauszugehen, der durch den Grad von Realität bestimmt wird, den man dem anderen zugesteht – die Erregung des Ichs auf die Spitze treibt. Aber der Höhepunkt dieser Erregung sollte in der Leidenschaftslosigkeit liegen, in der das Ich zugleich mit dem anderen beseitigt wird, in der der Genuss sich von der Zerstörung trennt und in der die Zerstörung schließlich mit der Reinheit des Begehrens eins wird. So reproduziert das sadesche Bewusstsein in seiner Reflexion die permanente Bewegung der Natur, die erschafft, aber die sich durch ihre eigenen Schöpfungen Hindernisse schafft und nur dann für einen Augenblick ihre Freiheit wiedererlangt, wenn sie ihre eigenen Werke zerstört.

Unter der Maske des Atheismus

I. Zerstörung und Reinheit

Kehren wir nun zu Sade selbst zurück. Mit Hilfe der Thesen und Praktiken seiner literarischen Gestalten haben wir nur ein System rekonstruiert, während er selbst sie benutzte, um zu beschreiben, was er unerbittlich erlebte; die Begriffe der *Natur* und der *permanenten Bewegung* dienten nur dazu, das Mysterium und die Unergründlichkeit in Gottes metaphysische Begriffe zu übertragen, ohne etwas von diesem Mysterium des Seins zu lösen oder erschöpfend zu behandeln, also von der Möglichkeit des Bösen und des Nichts. Beachten wir an dieser Entwicklung von Vorstellungen, die mit Hilfe der Terminologie des Jahrhunderts geschaffen wurden, das Pathos, das unaufhörlich in ihnen zum Ausdruck kommt. Ein Pathos der gefesselten Seele, die an ihren Ketten rüttelt und die im Universum, das sie bewohnt, nur eine ihrerseits gefesselte Schöpfung sieht, die nach dem Vorbild einer Natur geschaffen wurde, die unfähig ist, sich ein für alle Mal zu verwirklichen. Ein Pathos der Gefangenschaft und der Ohnmacht, der Unzufriedenheit, eine Kreatur zu sein. Denn das Sein wird hier als letztes Gefängnis empfunden, als äußerste Umschließung; und die Dauer in einer unerträglich langen und leeren Zeit wird als Fesselung an die eigenen Voraussetzungen empfunden.

Jenseits der Umschließung liegt die Freiheit des Nicht-Seins, die Freiheit Gottes, dem man vorwirft, seine Geschöpfe in das Gefängnis des Seins eingesperrt zu haben.

In der Seele dieses libertinen Feudalherrn im Jahrhundert der Aufklärung kommen sehr alte Motive zum Vorschein: Es ist unmöglich, Anklänge an das ganze antike System von der manichäischen Gnosis bis zu den Visionen eines Basilides, eines Valentinus und insbesondere eines Marcion zu übersehen. Die Quelle einer solchen Konzeption liegt immer im Gefühl vom Niedergang des Geistes und in der getrübten Erinnerung an eine ursprüngliche Reinheit; der gegenwärtige Zustand beklagt den Verfall, und die Gegenwart kann mangels Erlösung nur von Erwartung, vom Gefühl eines ständigen Verfalls, eines fortschreitenden Niedergangs erfüllt sein. Eine Konzeption, die jedem Fortschrittsdenken entgegengesetzt ist und die Sade radikal seinem ganzen Jahrhundert entgegenstellt, die ihn gegen Rousseau, Voltaire und Robespierre stellt und ihn (jenseits von Saint-Just) besonders Joseph de Maistre und Baudelaire annähert.

Da selbst der Akt der Schöpfung eine Folge des Niedergangs ist, weil er nur die Revolte eines Demiurgen gegen den reinen Gott des Geistes ist, trägt die gesamte Schöpfung das Stigma des Fluches, und der menschliche Körper ist wie jeder physische Organismus nicht das Abbild eines göttlichen Schöpfers, sondern der Einschließung des Geistes. All diese Motive lassen sich leicht im sadeschen Denken wiederfinden. Wenn es indessen aber das Gefühl des Niedergangs und des Fluches ist, was Sade mit dem Denken von de Maistre verbindet, so kommt dieses Gefühl in der rationalistischen Terminologie zu unklar zu Ausdruck, um seine Verbindung zum Dogma der Erbsünde zu erkennen, das erst de Maistre wieder bejahen sollte. Außerdem hat dieses Gefühl Bezug zum *Mythos, der nur die Form des Vergessens einer geoffenbarten Wahrheit ist.*

Deshalb hat Sade in seinem unveröffentlichten Werk sehr viel mehr Affinitäten zu den großen Häretikern der Gnosis: Gerade die erotischen Szenen unterscheiden sich vom gängigen literarischen Genre seiner Zeit durch den *Hass auf den Körper* und die *Ungeduld*, die von den geduldigen weiblichen und männlichen Opfern bei seinen Helden hervorgerufen wird, welche diese hartnäckig verfolgen – und durch den frenetischen Orgasmuskult, der bei bestimmten manichäischen Sekten die Form eines Kultes der *ursprünglichen Erleuchtung* hatte.

In seinen unveröffentlichten wie in seinem veröffentlichten Werk, insbesondere in den *Verbrechen der Liebe*, ist das Leitmotiv der Mythos einer ursprünglichen Reinheit, die unerreichbar geworden ist: Daher die Besessenheit von der Jungfräulichkeit, der Grunderfahrung des sadeschen Temperaments.

Ein Mythos, geboren aus dem Druck, der das Genie und Temperament Sades der terminologischen Disziplin seiner Zeit unterwarf: Der positivistische Bezug auf Naturphänomene führte Sade dahin, sich selbst in die Natur zu projizieren. Daher gab es bei ihm wahrhaftig ein Naturschauspiel, dem er beiwohnte wie dem Schauspiel seines eigenen Geistes. So steht er insgeheim nicht nur den Gnostikern der christlichen Antike nahe, sondern auch jenen deutschen Gnostikern, die *Naturphilosophen* waren, und insbesondere *Schelling* und *Hegel*, bei dem die Natur nur eine dramatische Prozession des Geistes ist. Indem er von einer ursprünglichen Natur und mit ihr rivalisierenden Naturen redet, welche sie ihrer Kraft berauben, konstruiert er weniger eine Kosmologie als eine in die Begriffe der materialistischen Philosophie seiner Zeit übersetzte Pneumatologie, eine gnostische Theorie vom Niedergang des Geistes, eine Theorie, die übrigens von den Deutschen unaufhörlich in einer viel traditionelleren Form kultiviert wurde, da sie einen lebendigeren Sinn für numinose Phänomene hatten. In der Fiktion einer *ursprünglichen Natur*, die *rivalisierende Natur* (drei Kräfte, menschliche Gattung) in jener ständigen Bewegung schafft, die sie dahin bringen soll, sich *ein für alle Mal* zu vollenden, ohne jemals etwas anderes zu erreichen, als zu schaffen und zu zerstören, ohne also jemals der Einschließung in diese Schöpfungen zu entgehen – wie sollte man darin nicht den Niedergang eines reinen Geistes sehen, sei es des reinen Gottes des Geistes, sei es eines jener Geister, die gegen Gott revoltierten und zur Ohnmacht der ständigen Bewegung verurteilt waren. Das *Höchste Wesen des Bösen* von Saint-Fond (dem Premierminister in der *Juliette*) hat alle Züge des Demiurgen bei Marcion, das heißt, aus der Sicht des Häresiarchen, des Schöpfergottes von Moses, der als Gott des Gesetzes und der Gerechtigkeit Gegner eines dieser Welt fremden Gottes war, die zum Leiden geschaffen wurde. Es ist dieser fremde Gott, der als wirklicher Gott der Liebe seinen Sohn als Licht in diese Welt der Finsternis des Demiurgen gesandt hat. Die *ursprüngliche Natur*, wie sie der Papst Juliette in seinem „System" beschreibt, erscheint im Verhältnis zum *Gott* von Saint-Fond als eine Zwischengottheit zwischen dem *bösen und rechtenden* Gott von Marcion und einem gefallenen Geist, der sich dunkel an den Glanz erinnert, den er noch in der Reinheit seines ersten Zustandes hatte, vor seiner Revolte gegen den Gott des Geistes, so wie der Luzifer des Origenes. Hat doch dieser orientalische Kirchenvater aus dem gleichen Grunde ausdrücklich gesagt, dass die Erlösung Christi, indem sie die ganze geschaffene Welt umfasste – die des Geistes wie die der Menschen – sich auch auf die Hölle des Satans erstreckt, der am Ende der Zeiten als Letzter gerettet und erlöst werden wird.

Seitdem ist in diesem System der ursprünglichen Natur und der rivalisierenden Naturen das geheime Ziel der ständigen Bewegung nicht mehr die Bewegung an sich, sondern die ursprüngliche Reinheit des Geistes, und der Agent dieses Verlangens der Natur nach ihrer endgültigen Vollendung, das heißt Zerstörung, findet sich eng mit der Idee der Reinheit verbunden: deshalb die sadesche Idee des reinen Verbrechens. Sie wäre sozusagen eine ungewöhnliche Synthese der antagonistischen Götter von Marcion: Die sadesche Natur scheint sich an den Reinheitszustand des *fremden Gottes* von Marcion zu erinnern, aber um dahin zu gelangen, muss sie sich, da sie in die Falle ihrer eigenen Schöpfung geraten ist, zu dem *grausamen und rechtenden Schöpfungsgott* zurückwenden, den Marcion mit dem geoffenbarten Gott gleichgesetzt hat. Man erlebt also den Kampf eines Geistes, der, anstatt in der Schöpfung seine virtuellen Reichtümer und in der Geschichte seine höchsten Zwecke (in der Art des hegelschen Geistes) zu manifestieren, sich seiner Irrtümer gegenüber seinen Geschöpfen bewusst wird, aber, fern davon sie zu retten, sich ihrer um seiner eigenen Erlösung und Befreiung willen bedient. Das ist eine umgekehrte Heilsökonomie. Die menschlichen Leiden erlösen einen gefallenen Geist, indem sie ihm erlauben, sich zu reinigen.[1]

Grausamkeit ist für die verfemte Männlichkeit ein Mittel zur Überwindung der Erfahrung des Verlusts des geliebten Objekts: Sie unterwirft das Objekt, das sich ihr entzieht, einer grausamen Behandlung und gewinnt dadurch eine Erregung zurück, die ihr in der Liebe versagt wurde. Die sadeschen Figuren tun so, als ob sie einen *fiktiven Verlust* erleiden, wenn sie sich bei ihren Opfern zurückhalten: *Ich will, dass du für ewig aufhörst zu existieren, damit ich dich für alle Zeiten verliere und damit ich dich ewig zerstören kann.* Sie verhalten sich also ganz anders als romantische Figuren, die – aus Furcht, sich der Unreinheit gegenüber dem geliebten Objekt schuldig zu machen und sich der Strafe seines Verlusts auszusetzen – es folgendermaßen anflehen: *Ich will leiden, um auf ewig zu verdienen, dich zu erhalten.* Aber dennoch haben die romantischen Figuren mit denen Sades die Erfahrung des Mangels im Sein und von Zeit ohne Ewigkeit gemeinsam. Während Romantiker wie Jean Paul, Jacobi und Hölderlin hoffen, sich mit dem Ewigen in absoluter Leidenschaft zu verbinden, die ihnen die Gottesliebe ersetzt, haben Romantiker wie Chateaubriand, Senancour und Benjamin Constant eine enge Verbindung zu den sadeschen Figuren, die das Ewige nur in Form der Leere ihrer müßigen Seele erfahren. Letztere finden also in der destruktiven Zeit zugleich eine Komplizin und den Ausdruck ihrer eigenen Neigung zur Zerstörung. Denn, was sie mit dieser Neigung übereinstimmen lässt, ist das Bedürfnis, die gleiche Erfahrung des Verlusts des geliebten Objekts zu überwinden, die auch die romantischen Figuren quält. Zu Anfang findet man immer wieder die bewusste Trennung von Gott und den Verlust des Gefühls für das Ewige, was allerdings nicht die affektive Einheit der Seele beeinträchtigt hat. Aber da man die für die Ewigkeit geschaffene Seele nicht aufgeben kann, äußert sich dieser Verlust des Gefühls für das Ewige in der ewigen Leere der Seele.

Der Begriff der *delectatio morosa*[2], der von den Doktoren der mittelalterlichen Kirche formuliert wurde, bringt in einzigartiger Weise die charakteristische Verfassung der Generationen zum Ausdruck, die nach dem Zeitalter des Glaubens kamen – als ob diese gründlichen Kenner des menschlichen Herzens bereits das Böse der modernen Zeit erfasst hätten, von dem es in der Apokalypse heißt, dass es *„wie eine Qual vom Skorpion [ist], wenn er den Menschen schlägt. Und in den Tagen werden die Menschen den Tod suchen und nicht finden; werden begehren zu sterben und der Tod wird vor ihnen fliehen.“* (Apokalypse IX, 5-6) Denn in ihrer Leere, in ihrem Lebensüberdruss, sucht die Seele den Tod: Getrennt von Gott, hat sich ihre Unsterblichkeit in Verbitterung verwandelt.

Das Leiden der Seele, die während einer als lang empfundenen Zeit der Leere ausgesetzt ist, in der die Seele die ganze Last ihrer eigenen – ihr fremd gewordenen – Unsterblichkeit spürt, der Genuss, den sie aus ihrem eigenen Delirium schöpft, das sie von der Leere befreit, all das bezeichnet die *delectatio morosa*, mit der sich Sades Seele Tag für Tag beschäftigt und die ihr im Laufe der langjährigen Haft in den staatlichen Gefängnissen zur Gewohnheit geworden ist.

Die *delectatio morosa* besteht in jener Seelenregung, in der sie sich bereitwillig Bildern von verbotenen sinnlichen oder spirituellen Handlungen zuwendet, um bei ihrer Kontemplation zu verweilen. Diese Bilder der Versuchung oder einer schon begangenen Sünde gehören zur unwillkürlichen Träumerei, und ihr Erscheinen als solches ist aus der Sicht der Moraltheologie noch kein sündhafter Vorgang – ebenso wenig wie die Versuchung zur Sünde selbst schon eine Sünde ist. Die Seele überlässt sich erst dann einer zwangsläufig sündhaften Regung, wenn sie sich absichtlich bemüht, diese Bilder, die sich je nach Laune der Träumerei zeigen, festzuhalten oder wenn sie sie in dem Gefühl ihres verborgenen Vorhandenseins heraufbeschwört, während sie scheinbar in der dunklen Zone des Bewusstseins als Mittel zur Lust verschwunden sind, die die Seele in ihren Tiefen bereit hält. Das ist vor allem die juristische Sichtweise einer Moraltheologie, deren Aufgabe darin bestand, *den Augenblick* zu bestimmen, in dem die Sünde der *delectatio morosa* offenkundig wird. Aber diese Bestimmung ist rein *kasuistisch* und hat kein anderes Ziel, als den Gewissensbissen eines erregten Bewusstseins vorzubeugen und jene Seelen zu warnen, die allzu sehr zur Träumerei neigen.

Der Reiz dieses Begriffes der *delectatio morosa* liegt darin, dass er die absichtliche Teilnahme der Seele an der unwillkürlichen Bewegung der Träumerei kritisiert und beschreibt. Aber wo endet die Träumerei im eigentlichen Sinne, wo beginnt die *delectatio morosa*? Ist die Träumerei nicht schon ein Symptom für eine Seele, die ihren übernatürlichen Zustand verlassen hat, die versucht, *ihrer eigenen Berufung zu entgehen*, und die von da an jene Leere erfährt, die sich aus ihrer Entwurzelung, aus der Preisgabe Gottes und dem Verlust des Gefühls für das Ewige ergibt? Ist die Träumerei nicht *das spontane Haften an der Bewegung der zerstörerischen Vergänglichkeit der Zeit*, und nicht mehr das Haften an der Befreiung im Gebet, an der Seele, die der Zeit Gottes versprochen ist?

Es ist nützlich, hier an die Voraussetzungen zu erinnern, die zur Träumerei führen: Das Bewusstsein überlässt sich einer langsamen Auflösungsarbeit dunkler Kräfte, die im Traum des schlummernden Bewusstseins stattfindet. So kann die Träumerei die ersten Schritte der Auflösungsarbeit noch überwachen: Das Bewusstsein kann sich absichtlich zum Komplizen dieser Auflösung machen, also etwa so, wie das Bewusstsein des Asketen seine seelischen Kräfte der Übung der Entsagung unterwirft, während derer das ursprüngliche Ziel, das im Glauben konzipiert wurde, die einzelnen Schritte der Askese überlebt und in ihr seine Erfüllung findet. Im Unterschied zum christlichen Asketen, der sich der gelebten Zeit wie einer Leiter bedient, um die Ewigkeit im göttlichen Grund der Seele zu erreichen, wo Gott der Seele näher steht als sie sich selbst, stürzt sich der Träumer in die Zeit wie ein Verzweifelter, der – da er sich nicht zum Selbstmord entschließen konnte – zumindest beschließt, sich in einen wogenden Ozean zu werfen und es diesem Element freizustellen, ihn zu verschlingen, wobei allerdings auch die Möglichkeit besteht, dass er heil und gesund wieder herauskommt, wenn er die Kraft seiner Arme wiederfindet. In diesem letzten Zustand erlebt das Bewusstsein von Sade, wie es immer mehr von seelischen Kräften überschwemmt wird, die alle Objekte, die sie jemals erregt haben, mit sich führen.

Die *delectatio morosa* ist bei Sade eine produktive Funktion und daher konstitutiv für sein Bewusstsein geworden: Sade träumt nicht mehr nur, er lenkt seinen Traum und führt ihn zu dem Objekt zurück, das am Ursprung seiner Träumerei steht, und zwar mit der vollendeten Methode eines kontemplativen Mönches, der seine Seele angesichts eines göttlichen Mysteriums in einen Zustand der Andacht versetzt. Die christliche Seele bekommt ihr Selbstbewusstsein im Angesicht Gottes. Die romantische Seele, die sich nur noch im Zustand der Sehnsucht nach dem Glauben befindet, bekommt ihr Selbstbewusstsein, indem sie ihre Leidenschaft als Absolutum setzt, sodass leidenschaftliche Erregung bei ihr zur Lebensfunktion wird. Die sadesche Seele bekommt ihr Selbstbewusstsein dagegen nur durch das Objekt, das ihre Virilität erregt und sie in einen Zustand der Raserei versetzt, der gewissermaßen zu einer paradoxen Lebensfunktion wird: Sie fühlt sich nur im Zustand der Erregung lebendig.

Die christliche Seele gibt sich Gott hin, die romantische ihrer Sehnsucht, die sadesche Seele ihrer Erregung. Aber wenn sie sich Gott hingibt, weiß die Seele, dass Gott sich ihr gibt. Im Gegensatz dazu kann weder Sehnsucht noch Erregung die Seele in einen anderen Zustand als den der permanenten Sehnsucht und Erregung versetzen.

Während das Subjekt in der äußeren Realität auf die räumlichen Bedingungen der Verfolgung, der Erforschung und des Zusammentreffens von Geschöpfen und Dingen angewiesen ist, geschieht in der inneren Realität, im seelischen Raum, das Gegenteil: die Geschöpfe und Dinge kommen zum Subjekt und schließen sich ihm an, und zwar quer zu dem Gefühl, das es in Erwartung ihres Kommens hat.

Für den kontemplativen Mönch, für den Asketen, konkurriert diese Verinnerlichung der sichtbaren Welt, diese innere Existenz von Dingen und Geschöpfen im Raum der Seele, mit den spirituellen Realitäten der unsichtbaren Welt und den Bildern göttlicher Realitäten. All die Übungen des reinigenden Weges – die Läuterung der Sinne, die die abwesenden Dinge aktualisieren – bestehen in einem gnadenlosen Kampf gegen die bedrohliche

Menge der transzendierten Bilder von irdischen Gütern und Kreaturen. In diesem Kampf soll der Seele der Weg zu ihrem göttlichen Grund geebnet werden.

Für denjenigen, der zu Tagträumen neigt und sich bemüht, ihre Bilder festzuhalten, bietet sich die *delectatio morosa* als eine umgekehrte spirituelle Übung an: Denn materiell ausgedrückt, besteht sie genau darin, *die Erinnerung der um ihre Objekte betrogenen Sinne zu kultivieren, diese Erinnerung in das Vermögen zur Vergegenwärtigung von abwesenden Dingen zu verwandeln, und zwar bis zu dem Punkt, an dem gerade die Abwesenheit der Objekte zur* conditio sine qua non *für die Vorstellungsfähigkeit der betrogenen Sinnlichkeit wird.*

Der christliche Asket und der erwachte Träumer (das ist Sade) haben also eine gleiche Erfahrung der gelebten Zeit: Die spontane Träumerei belebt und repräsentiert ihr vergangenes Leben – sei es in Form einer begangenen Sünde oder in Gestalt einer Versuchung. Und die Gegenwart läuft in der Einsamkeit ständig Gefahr, sich durch die Vorstellung abwesender oder vergangener Dinge zu füllen. Dem widersetzt sich der Asket durch Gebet, Meditation und Andacht, die nicht nur Zustände reiner und einfacher Gottessehnsucht sind, sondern effektive Handlungen, die der *natürlichen Sinnlichkeit ihre Feigheit nehmen, abwesende Dinge zu aktualisieren,* um sie ausschließlich aufnahmefähig für eine Gegenwart zu machen, von der dieselbe Fähigkeit sie ablenkte. Mehr noch: Diese Aktualisierungsfähigkeit von abwesenden Dingen wurde in dem rein psychischen Raum der Seele entfaltet, in dem sich jene dunklen Kräfte bewegen, die die asketische Theologie als minderwertige Kräfte bezeichnet. Die *betende Reaktion* der Seele, ihr Widerstand gegen die spontane Bewegung der Träumerei sowie die Emanzipation von ihrer Fähigkeit zur Aktualisierung von abwesenden Dingen zugunsten einer Präsenz, die ihr göttlicher Gehalt selbst ist, öffnet der Seele zugleich *den Raum der spirituellen Realität*: Nur hier erkennt die Seele sich als Ort der göttlichen Gegenwart und erfährt gleichzeitig Gott als ihren *eigenen ursprünglichen Ort* und auch als höchsten Gegenstand ihres tiefsten Begehrens. Durch die Entwicklung spiritueller Sinne, die auf die Vergegenwärtigung heiliger Realitäten gerichtet sind, überwindet der Asket die Welt vergangener Dinge. Und diese sind für ihn nicht nur vergangen, sie sind nicht einmal *abwesend*, sondern sie sind aus dem Sein verschwunden, weil die neu entwickelten Sinne eine andere Nahrung gefunden haben. Die Beurteilung des vergangenen Lebens als sündiges Leben vor Gott – vor Gott, der die unerschöpfliche Liebesquelle dieser neuen Sinne ist – gibt der Seele die Kraft, sich von der Notwendigkeit zu befreien, Handlungen zu wiederholen, die diese Liebe verletzen würden. Diese Handlungen, oder ihre Planung, können ihre Wiederholung oder Ausführung nicht mehr fordern, weil die zu ihrem göttlichen Grund gelangte Seele nicht mehr danach verlangt, sich in solchen Handlungen zu bestätigen: Gott, ihre einzige Bestätigung, ist auch ihre Freiheit. Aber die träumerische Seele von Sade, die durch eine vielleicht ebenso innere wie äußere Furcht materiell an der Ausführung ihres Traumes gehindert wird, kennt nur die Zeit, die sie als eine an sich unerträgliche Dauer empfindet: Sie leidet unter ihrem nur potentiellen Sein, da sie unaufhörlich das Nichts verlässt, ohne jemals zum Sein zu gelangen: *Ich existiere, um nicht zu existieren.*

Im Gegensatz zur gläubigen Seele, die durch die Gegenwart Gottes in ihr als ihre eigene Affirmation definiert wird, begreift sich die Seele von Sade, die ihre fundamentale Erregung durch ein atheistisches Bewusstsein verdeckt, in erster Linie durch *ihre eigene Negation.* Für diese Seele geht es darum, ihre geheime Verletzung zu vergessen, was sie nur erreicht, indem sie Gott – ihren Schöpfer und Richter – verleugnet; denn Gott ist – wie das Bild der Jungfrau – die schmerzliche Erinnerung an die verfemte Virilität. Sie wendet sich also vom Ewigen, von ihrem göttlichen Grund ab, um sich voll und ganz der Träumerei, der träumerischen Kontemplation der Zeit zu überlassen, die Geschöpfe und Dinge zugrunde richtet, und zwar in der Hoffnung, sie zu vergessen und ihre wesentliche Erinnerung zu zerstören. So sucht das aus der verletzten Seele Sades geborene atheistische Bewusstsein, zusammen mit der Unsterblichkeit auch die Existenz Gottes zu leugnen, *indem sie sich voll und ganz vom Kummer dieser geleugneten Seele lenken lässt.* Indem dieses Bewusstsein die Gewissensbisse erstickt, um ein Vergessen zu ermöglichen, will es schlicht und einfach herabsetzen, was die Seele früher erlebt hat; und in ihrer Bewegung der Träumerei wird sie sich vorstellen, frei zu sein, indem sie erneut eine Handlung plant (die schon einmal geplant, sprich, begangen worden ist), von der scheinbar keine Spur in ihr zurückbleibt. In Wirklichkeit ist es anders: Wenn die Seele die Handlung erneut plant und glaubt, sie straflos wieder beginnen zu können (nach der Art fiktiver Personen, die sie zu diesem Zweck entwirft)[3], dann deshalb, weil die vorherige Handlung moralisch nicht sanktioniert wurde und dahin drängt, noch einmal begangen zu werden, da die Seele den geheimen, aber unbedingten Wunsch hat, *diese Handlung begangen zu haben*, und sich dessen nur bewusst sein kann, wenn sie die Verantwortung dafür übernommen hat. Das geht so weit, dass die Seele Sades dadurch, dass sie sich durch das Organ ihres atheistischen Bewusstseins für unverantwortlich erklärt, um so stärker das Bedürfnis verspürt, sich in einer schuldhaften Handlung zu bestätigen.

Deshalb stellt sich eine gleiche verbrecherische Situation, die dieser Träumer imaginiert, in seinem Geist immer wieder her: Die Zeit entleert die Straftaten der Vergangenheit ihres Gehalts und lässt das Bild der Dinge, auf die diese Taten sich beziehen, weiter bestehen; das Bild von Dingen und Geschöpfen bekommt eine Präsenz, die neue Taten provoziert, deren Planung den Gehalt der Provokation nicht ausschöpfen kann.

An der *delectatio morosa* bei Sade ist originell, dass sie sich nicht in einer literarischen Konstruktion vollendet. (Indem sie vor dem Objekt ihrer erregten Virilität zurückweicht, vor dem Bild der Jungfrau, das aus dieser Virilität eine verfemte Virilität macht, drückt die sadesche Seele noch die Furcht aus, sich selbst als Bewusstsein zu verlieren, also gerade den Mittelpunkt ihrer Funktionen, aber in diesem Zurückweichen vor dem Objekt erkennt die erregte Virilität nichts anderes und lernt sie nichts anderes kennen als diesen selben Zustand der Verfemung. Die schöpferische Fähigkeit, die die Erregung in der *delectatio morosa* entwickelt hat, ist von Grund auf steril. Anstatt zu befreien, fesselt sie aufs Neue.) Deshalb überträgt Sade diese *delectatio morosa* auf fiktive Personen. Indem er sie beobachtet, beschreibt er nicht nur seine eigene Träumerei, sondern er beschreibt Träumer, die fähig sind, ihre Träume oder vielmehr seine eigenen Träume zu verwirklichen. Und diesen Träumern, die etwas verwirklichen, gibt er zwangsläufig seine eigene Psychologie eines unbefriedigten Träumers, der außer der literarischen Schöpfung keinerlei Verwirklichungsmöglichkeiten hat. Auch sie zeigt er unermüdlichen Neuanfängen ausgesetzt, ohne dass jemals ein erfolgreiches Unternehmen sie befriedigt und ohne dass die begangene Tat ein für alle Mal begangen würde. Diese Unfähigkeit, eine *ein für alle Mal begangene Tat* zu tun, steht für das Bewusstsein des Autors selbst. Nicht dass die Mittel zur Realisierung Sade der Notwendigkeit zu schreiben enthöben: Wie er in seiner Jugend gezeigt hat, blieb die Realisierung immer diesseits der Entwürfe, wie auch immer es um die Mittel bestellt war.

Die verschiedenen Arten der *delectatio morosa*, insbesondere die der *Erwartung der Zerstörung der Gegenwart*, übertragen sich bei den sadeschen Personen in verwirrende Argumentationen, ohne die sie sich nicht ihrer *experimentellen Ausschweifung* überlassen können. Da das Glück nicht im Genuss besteht, sondern *im Wunsch, die Hemmnisse, die dem Wunsch entgegenstehen, zu überwinden*, genießt man diese Objekte nicht in der *Gegenwart*, sondern in der *Erwartung abwesender Objekte*. Das heißt, man genießt *ihre reale Gegenwart*, indem man sie *zerstört* (Morde bei der Ausschweifung), oder falls sie *enttäuschen* und *sich der Gegenwart zu verweigern scheinen* (in ihrem Widerstand gegen das, dem man ihnen antun will), indem man sie misshandelt, *um sie zugleich gegenwärtig zu machen und zu zerstören*. Bei bestimmten Figuren Sades endet die Enttäuschung der Erwartung damit, dass sie zu einer erogenen Fiktion wird: Zweifellos enttäuscht das Objekt nicht, *aber man behandelt es so, als ob es enttäuschte*. Und eine seiner favorisierten Gestalten gesteht, da sie nur zu wünschen brauchte, um etwas zu bekommen, dass ihr Genuss niemals durch Objekte motiviert werde, die sie umgeben, *„sondern durch solche, die nicht da sind“*. „Ist es aber überhaupt möglich, Verbrechen zu begehen, wie man sie sich vorstellt oder wie Ihr es hier meint? Ich meinerseits muss bekennen, dass meine Phantasie in dieser Hinsicht stets weit über meine realen Möglichkeiten hinausging; ich habe immer tausendmal mehr in meiner Vorstellung ersonnen, als ich ausführte, und ich habe immer über die Natur geklagt, die mir den Wunsch eingab, ihr Gewalt anzutun, mir aber zugleich stets die Möglichkeit dazu nahm."[4]

Hier wird sogar die Natur als eine Gegenwart erlebt, die sich der aggressiven Erwartung der Virilität in nicht weniger erregender Weise entzieht als die jungfräuliche Reinheit der verfemten Männlichkeit. Sades Bewusstsein sieht sich seiner eigenen Ewigkeit gegenüber, die es verleugnet hat und die es in dem Gedanken der *verschlagenen Natur* nicht mehr wiedererkennen kann, deren Bild es entworfen hat. Einerseits, aufrechterhalten in den organischen Funktionen seines Individuums, macht es die Erfahrung seiner Endlichkeit; andererseits, in der Bewegung seiner Phantasie, hat es das Gefühl des Unendlichen. Aber anstatt darin seine ewige Bedingung wiederzufinden und sich in der universellen Einheit wahrzunehmen, sieht es darin wie in einem Spiegel den unendlichen Reflex verschiedener und vielfacher verlorener Möglichkeiten für seine Seele. Die *Beleidigung, die man Gott zufügen könnte*, besteht darin, dass man aufhört, jene Seele zu sein, die er aus dem Nichts gezogen hat, um sofort zu allen Möglichkeiten, die das Nichts enthält, zurückzukehren, die also der Berufung der Seele, einer Pseudo-Ewigkeit und einer zeitlosen Existenz perverser Polymorphie vorausgehen. Nachdem sie die Unsterblichkeit der Seele geleugnet haben, bemühen sich die Figuren von Sade als Gegenleistung um die integrale Monstrosität; nachdem sie somit die zeitliche Ausbildung ihrer eigenen bewussten Persönlichkeit abgelehnt haben, versetzt ihre Erwartung sie paradoxerweise in den Besitz aller vorhandenen Möglichkeiten zur potentiellen Entwicklung, was sich durch ihr Gefühl unbedingter Macht ausdrückt.[5] Die erotische Phantasie, die sich in dem Maße entwickelt, wie das Individuum sich formt, indem es ein Gegengewicht bald zur Perversion, bald zum Fortpflanzungstrieb bildet, und die die Momente der Einsamkeit und der Erwartung der Seele auswählt (Momente, in denen die Welt und die Geschöpfe abwesend sind), um seine bewusste Persönlichkeit zu überfluten, entspräche also einem Versuch, alles Mögliche zurückzugewinnen, was aufgrund des Bewusstwerdens der Seele unmöglich geworden ist – da das Bewusstsein die Seele zur Erfahrung der Realität des anderen, seines Besitzes und seines Verlusts gezwungen hat. In ihrer permanenten Erwartung überlässt sich die Seele Sades einer Phantasie, in der sie sich von dem erhofften Objekt trennt, um den zeitlosen Zustand wiederzuerlangen, in dem der Besitz alles Möglichen noch die Möglichkeit der schmerzhaften Erfahrung des Verlusts ausschloss. Durch den Mund seiner Figuren bekennt Sade: *„Ich erfinde Schrecken und führe sie kaltblütig aus: Da ich in der Lage war, mir nichts verweigern zu müssen, wie kostspielig meine Entwürfe zur Ausschweifung auch sein mögen, führe ich sie augenblicklich aus.“* Der Einsame, der Gefangene Sade, dem alle Handlungsmöglichkeiten entzogen sind, verfügt schließlich über die gleiche Kraft wie der omnipotente Held seiner Träume: Die uneingeschränkte Kraft, die weder außerhalb noch innerhalb ihrer selbst Hindernisse kennt und die nur das Gefühl ihres blinden Verströmens hat. *„Ich führe sie augenblicklich aus.“* Eine Hast, die allerdings nicht dahin gelangt, die Bewegung *„dieser Art von Unbeständigkeit, Geißel der Seele und allzu unheilvolles Schicksal unserer traurigen Menschheit“*, auszuschöpfen. So ist die Seele Sades, indem sie sich nach Erlösung sehnt, einer widersprüchlichen Hoffnung ausgesetzt. Sie hofft der schmerzhaften Erfahrung des Verlusts zu entgehen, indem sie dem Objekt seine Gegenwart verweigert, während sie im gleichen Augenblick vor Verlangen vergeht, das in der Gegenwart wieder hergestellte Objekt zu sehen und in sich die Bewegung der Zeit zu zerbrechen, die sie zerrüttet, und sie jenseits der verfemten Virilität zu verherrlichen.

Anhang I
Wer ist mein Nächster?[1]

Indem der Allgemeinwille [*la volonté générale*] sich auf die Prinzipien der universellen Vernunft bezieht, will er die Schwankungen des empfindsamen Einzelnen eliminieren, da jede Schwankung der menschlichen Sensibilität sich in der Tat im Irrtum zeigt und jede Schwankung der jeweiligen Empfindsamkeit als Irrtum im eigentlichen Sinne. Er erlaubt somit der Mehrheit, die sich als souveränes Volk konstituiert hat, sich allein als Repräsentanten der Daseinsberechtigung der gesamten Gattung zu betrachten. Der Allgemeinwille beruht also auf dem Missverständnis, das jeder Ethik eigen ist, dass das Individuum die Gattung nur auf eine unvollkommene Weise repräsentiert; für diesen Allgemeinwillen zählt nur derjenige, der, indem er sich selbst auf einen bestimmten Anspruch reduziert, dahin gelangt, sich mit anderen Individuen zu identifizieren, die wie er auf diesen Anspruch reduziert sind. Die Logik befiehlt also, demjenigen die Daseinsberechtigung zu entziehen, der – da er außerhalb der Gattung steht – zwangsläufig ein Ungeheuer ist. Wenn es richtig ist, dass „die Jakobiner alle Tugenden haben", wird die Bürgertugend nur im Einklang mit dem Allgemeinwillen ausgeübt, den sie verkörpern, und schon der schlichte Verzicht auf Parteinahme verweist auf einen lasterhaften Charakter. Aber indem die Welt des Allgemeinwillens jeden Irrtum im Ansatz ausschließen will, schließt sie jede Möglichkeit von Sensibilität aus, und da diese Möglichkeit das einzige Glück bietet, das diesen Namen verdient, schließt sie generell jede Form von Glück aus. So haben diejenigen, die kein Glück haben, zumindest die Befriedigung zu sehen, dass auch niemand sonst vom Glück begünstigt wird. Außerdem gibt es nur noch eine recht zufällige Beziehung zwischen Individuum und Volkssouveränität: Es gibt keine echte Brüderlichkeit mehr, weil die Brüderlichkeit sich nur in Gefühlsschwankungen erhalten kann, die unter dem Regime abstrakter Instanzen nur Schwankungen des Irrtums sind: Unter den Gerechten ist Brüderlichkeit nicht nur nicht mehr manifest, sondern sie verschwindet; es gibt nur noch untereinander fremde und gleichgültige Individuen, die nichts miteinander zu tun haben, sodass sie sich durch einen Vertrag verbinden müssen: Eben deshalb ist unter der Herrschaft des Allgemeinwillens ein Volk von Brüdern nur eine Metapher; denn auch die Mehrheit, die sich im Allgemeinwillen ausdrückt, ist kein Volk von Brüdern. In der Tat, die Praktizierung der allgemein dekretierten Vernunft und der Besitz moralischer und bürgerlicher Eigenschaften genügen nicht, um Bande der Brüderlichkeit oder die Erfahrung derselben zu schaffen. Eine erfahrbare Brüderlichkeit erfordert ein Band erfahrbarer Filiation, das – allen gemeinsam – jeden an die gleiche verwandtschaftliche Instanz bindet. Denn es liegt in der Natur einer abstrakten Instanz, nur in der Negation Konkretion zu haben; sie hat keinen anderen Gehalt, als eine Sensibilität, die, um überhaupt etwas zu wagen, nur zu strafen wagt; die sich in der Bestrafung des sensiblen Einzelnen erschöpft. Die Volkssouveränität wird durch Vatermord geboren: Sie basiert auf der Tötung des Königs, dem Simulakrum des Gottesmordes. Die revolutionäre Brüderlichkeit war also real, insofern sie durch den königlichen Vatermord besiegelt war: Genau das empfand der Marquis de Sade so tief, als er forderte, die Republik solle sich entschlossen zu ihren Verbrechen bekennen und dabei die wahre moralische Schuld übernehmen, statt die simple politische Verantwortlichkeit zu übernehmen.

Anhang II
Vater und Mutter in Sades Werk

Die analytische Psychologie nimmt im Allgemeinen als ordnungsgemäß festgestellte und undiskutierbare Tatsache an, dass der Hass auf den Vater den Urkonflikt der meisten Männer bildet. „Es wäre interessant, einige Ausnahmen zu berücksichtigen: Bei manchen Individuen kommt es zum umgekehrten Konflikt ...“[2] So scheinen bei Sade „die wichtigsten Ereignisse seines Lebens auf einzigartige Weise den viel selteneren und allgemein weniger manifesten Komplex des Mutterhasses zu begünstigen, sodass wir dessen Spuren jederzeit mühelos in seinem Werk erkennen können, so deutlich, dass wir ihn als das Thema der sadeschen Ideologie betrachten können.“ Muss man die psychische Entwicklung Sades auf „eine Enttäuschung, die ihm als Kind durch seine Mutter zugefügt wurde“, zurückführen? Auf ein traumatisches Moment, das durch tatsächliche Umstände begründet ist oder durch eine Interpretation des Kindes verursacht wurde und das seitdem beim Sohn ein Schuldgefühl gegenüber dem Vater verstärkte, weil er ihn zu sehr vernachlässigt hat?

Bei Sade gäbe es also einen negativen Ödipuskomplex, der nicht wie bei den meisten Neurotikern durch ein Inzestverbot determiniert wäre, das aus der Kastrationsangst hervorgeht, sondern aus Reue darüber entsteht, dass er den Vater diesem falschen Idol, der Mutter, hat opfern wollen. Einige homosexuelle Neurotiker, die die Eroberung der Mutter aus Furcht vor dem Vater aufgegeben haben, begnügen sich damit, ein weibliches Verhalten gegenüber dem Vater anzunehmen, ohne es zu wagen, sich an seine Stelle zu setzen – oder sie sind, wenn sie ihre ursprünglich gegen den Vater gerichtete Aggressivität gegen sich selbst gewendet haben, der Strenge eines Über-Ichs von unerbittlicher Härte unterworfen; Sade verbindet sich dagegen mit der väterlichen Macht und wendet seine ganze verfügbare Aggressivität, gestützt auf sein asoziales Über-Ich, gegen die Mutter.

Aber welche Vorwürfe macht der junge Sade seiner Mutter im Grunde seiner Seele? Genau die, mit denen er später seine Frau überschütten wird: *nur eine schamlose Hure zu sein.* Er, der eines Tages eine anarchistische Philosophie predigen wird, verübelt ihr also vor allem ihren „weiblichen" Egoismus. Aber im Laufe der psychischen Entwicklung sollten alle Motive des Mutterhasses zu genau den Elementen werden, die Sade als Attribute der väterlichen Macht preisen wird. Aus der Sicht des Sohnes muss die Scheinheiligkeit der Mutter nachdrücklich alle Verbrechen des *verlassenen* Vater legitimieren, und infolgedessen wird das Vergehen (das Böse) für den reuevollen Sohn zum einzigen Mittel, seine Schuld gegenüber dem mörderischen, inzestuösen und sodomitischen Vater abzutragen.

Der „Sadismus" Sades wäre also der genaue Ausdruck eines Moments von ursprünglichem Hass, der die aggressive Libido *„gewählt"* hat, um seine Mission besser erfüllen zu können: die mütterliche Macht in all ihren Formen zu strafen und ihre Institutionen zu stürzen. Wenn Sade am Ende einer ziemlich zügellosen und schon libertinen Jugend in den Zügen der Präsidentin Montreuil[3] die

Mütterlichkeit sich erheben sieht, die auf ihre Vorrechte bedacht ist und tyrannisch über ihre Nachkommen verfügt, dann wird es gerade der Kontakt zu seiner Schwiegermutter, dieser zweiten Mutter, sein, der seine Aggressivität auf die Ebene des Bewusstseins heben und als Hass gegen die matriarchalischen Werte richten wird: Mitleid, Wohltätigkeit, Dankbarkeit, Aufopferung, Treue; er wird all seine Kräfte aufbieten, um sie und „das Interesse und die Furcht, denen sie entstammen", zu entlarven.

Die Beziehungen zu seiner Ehefrau sollten diesen Hass nur verstärken. Vielleicht hat sie versucht, durch eine grenzenlose Ergebenheit anziehend zu wirken, da sie wusste, dass sie nicht geliebt wurde. Sade empfand das als eine Fessel. Das einzige Ziel dieser Ergebenheit sah er in Folgendem: Da Renée de Montreuil keine Liebe in ihm erwecken konnte, wollte sie ihn zumindest zur Dankbarkeit zwingen, die die Liebe ersetzen sollte. In all seinen Schriften bekämpfte er erbittert das Gefühl der Dankbarkeit. Als Sade in Miolans gefangen war, hat Renée ganz allein ihn befreit. Seine Gefangenschaft setzte sich in Vincennes, in der Bastille fort; einzig die Vorstöße von Renée konnten ihm einige Hoffnung machen. Diese Abhängigkeit von einer Frau, die er in keiner Weise liebte, war für ihn unerträglich, und in seinen Schriften rächte er sich für seine Unterlegenheit. Aber nach und nach verallgemeinerte sich dieses Abhängigkeitsgefühl. Sade vertiefte und erweiterte es so sehr, dass es ihm schließlich als ursprüngliche Unvollkommenheit der menschlichen Gattung erschien: „Frauen sind nur ein zweites Mittel der Natur, das sie der Möglichkeit beraubt, durch ihre ersten Mittel zu handeln; folglich verstoßen sie gegen die Natur und … man würde ihr einen guten Dienst erweisen, wenn man alle Frauen vernichten oder sich nicht mehr mit ihnen abgeben würde, denn so würde man die Natur zwingen, wieder auf ihre ersten Mittel zurückzukommen, um die Gattung weiter zu erhalten." Ist diese Idee nicht offensichtlich durch die Revolte gegen die ursprüngliche Dankbarkeit für das inspiriert, was der Mann der Frau verdankt, weil er aus ihrem Schoß hervorgegangen ist?

Während bei anderen großen Gestalten der vorromantischen Epoche der nostalgische Wunsch, in den Frieden des Mutterschoßes zurückzukehren, in ihrer Vision eines goldenen Zeitalters oder einer anderen Welt durchschimmert, scheint uns Sade ständig das Opfer der Angstvorstellung zu sein, im Mutterschoß zu ersticken: *Seine Handlungen, seine Ideen sind nur der bewusste Ausdruck des Kampfes darum, sein Wesen aus seiner ursprünglichen Umhüllung zu befreien.* Für uns ein Grund mehr zu glauben, dass seine lange Einkerkerung wie die Verwirklichung seiner Angstvorstellung von der ursprünglichen Gefangenschaft auf seine Persönlichkeit gewirkt hat und dass die Haftzeit als solche dazu beigetragen hat, die Haltung anzunehmen, die er dann der Gesellschaft gegenüber zeigte.

Ob in der *Justine*, in der *Juliette* oder in der *Philosophie im Boudoir*, die Mutter ist immer ein Symbol der Tyrannei, das sehr bald von dem Altar gestürzt wird, auf den die gesellschaftliche und religiöse Verehrung es gestellt hatte, und das – im sadeschen Sinne dieses Wortes – wieder auf seine Funktion als Lustobjekt des Mannes *reduziert* wird. Dieser Konflikt des Mannes mit seiner Mutter taucht in seinen Büchern sehr oft auf. In *Die Missgeschicke der Tugend* ist Bressac von einem rein misogynen Hass auf seine Mutter besessen: In den Augen dieses Sodomiten ist der Mann das einzig vollkommene Muster der menschlichen

Gattung, die Frauen sind nur eine Deformation. Seine Mutter, eine strenge Frau, die ihn auf den rechten Weg zurückbringen will (was aus der Sicht des Sohnes nur ein Vorwand ist, sein Leben und seine Sitten zu behindern), erscheint ihm als seine schlimmste Feindin. Entschlossen, sich von ihr zu befielen, hofft er, Justine zu überreden, ihm zu helfen: „… Dieses Wesen, das ich angreife, sagt er zu ihr, ist das Wesen, das mich in seinem Schoß getragen hat. Wie, diese fruchtlose Überlegung sollte mich aufhalten, welchen Anspruch auf Erfolg hätte sie denn? Hat diese Mutter an mich gedacht, als ihre Lüsternheit sie den Fötus empfangen ließ, aus dem ich entstand? Muss ich ihr dafür dankbar sein, dass sie sich ihrem Vergnügen hingegeben hat?" Sade war so überzeugt von dieser spitzfindigen Einstellung, dass er das Argument Bressacs in all seinen Werken ständig wiederholte. Aber, werden die Verteidiger des matriarchalischen Prinzips sagen, kommt der Mutter kein Verdienst zu für die Pflege, die sie ihrem Kind gibt? Sade sah diese Einwände voraus und Bressac hat seine Entgegnung bereit: „Wenn unsere Mutter uns gut behandelt hat, seit wir in der Lage waren, es zu genießen – führt er fort –, können wir sie lieben, vielleicht müssen wir es sogar …, wenn sie uns nur schlecht behandelt hat, schulden wir ihr nicht nur gar nichts mehr, sondern, durch kein Gesetz der Natur gefesselt, befiehlt uns alles, uns von ihr zu befreien, durch die mächtige Kraft des Egoismus, der auf natürliche und unwiderrufliche Weise den Menschen dazu bringt, sich von allem frei zu machen, was ihm schadet."

Nach der Kritik des Dankbarkeitsgefühls gegenüber der Mutter folgt nun die Kritik der Dankbarkeit, die für eine gute Tat gefordert wird, und damit auch die Kritik der Wohltätigkeit, der Ergebenheit und der Aufopferung.

Denn Sade, dem seine eigene Frau nicht aus dem Sinn geht, versucht hartnäckig, das Ideal der ergebenen Frau zu zerstören. Justine verschlechtert ihre Situation nur, wenn sie durch ihre Wohltätigkeit zu verpflichten versucht, gerade deshalb, weil sie das Gute nur tat, um „ihr Gewissen zu beruhigen und für ihr eigenes Wohlergehen". Diejenigen, die ihr Dankbarkeit schulden, verweigern sie ihr nicht nur, sondern fühlen sich, wie zum Beispiel Dalville, beleidigt, weil sie ihr verpflichtet waren. Dankbar sein zu müssen, war für sie der demütigendste Zustand überhaupt. Dachte Sade an die Ergebenheit und Aufopferung von Renée, als er Dalville, dem Justine das Leben gerettet hatte, sagen lässt: „Ich bitte dich, was erwartest du denn von diesem Gefühl der Dankbarkeit, mit dem du mich gefangen zu haben glaubst? … Denk einmal daran, du kümmerliches Wesen, was du getan hast, als du mich gerettet hattest. Zwischen der Möglichkeit, deiner Wege zu gehen, und der, zu mir zu kommen, hast du, aufgrund einer Regung, die dein Herz dir eingegeben hat, die Letztere gewählt … Also hast du dir Lust verschafft. Wie zum Teufel kommst du auf die Idee, dass ich dich für die Freuden belohnen sollte, die du dir bereitet hast …?" Gutes tun oder ein Kind zu machen, wäre also nur das Resultat einer tiefen Befriedigung, die man sich selbst verschafft. Nach Sades Ansicht ist die mütterliche Hingabe, ob sie nun von der Ehefrau oder von der Mutter kommt, nur das Manöver eines ebenso monströsen wie verschleierten Egoismus.

Die typische Rivalität zwischen Mutter und Tochter konnte im Repertoire Sades nicht fehlen. Aber diese Rivalität scheint weniger durch den Wunsch provoziert zu sein, den Vater zu besitzen, als durch den Wunsch, vom Vater von den mütterlichen Pflichten befreit zu werden, die die Mutter auf die Tochter überträgt. *Die Philosophie im Boudoir oder Die lasterhaften Lehrmeister. Dialoge, zur Erziehung junger Damen bestimmt*, in der seine Methode der anti-mütterlichen Erziehung beschrieben wird, zeigt uns *die Mutter, die zugunsten des Kindes vom Vater gezüchtigt wird.*

Mit einer grausamen Freude findet Sade Gefallen daran, Szenen minutiös zu beschreiben, in denen die Mutter vor den Augen ihrer Kinder oder von den Kindern selbst gedemütigt wird. Dachte Sade an seine Schwiegermutter – die er trotzdem vor dem Schafott rettete – und nahm so eine aufsehenerregendere Rache an der Präsidentin, indem er sie *in effigie* exekutierte und indem er die Prinzipien profanierte, von denen diese autoritäre Frau durchdrungen war? Schon in der Gestalt der Juliette hatte Sade die „tribadische" Frau (das heißt die Frau ohne gesellschaftliche Bindung) idealisiert und dem gesellschaftlichen Ideal der Mutter entgegengesetzt. Dolmancé, ein Mann, der *„nur dann ruhig schlafen kann, wenn er sich tagsüber ausreichend mit dem besudelt hat, was Narren als Verbrechen bezeichnen"*, beschreibt seine Konzeption der Natur, aus der sich ergibt, dass Zerstörung und Schöpfung nur zwei Aspekte eines einzigen grundlegenden Gesetzes sind. Von dieser Augmentation ausgehend – aus der sich die höchste Idee ableitet, dass *Mord nur eine Formveränderung der Materie* ist, und die ihn dazu bringt, die Tribadie, die Sodomisierung von Frauen und die Päderastie zu lobpreisen – bekämpft Dolmancé die Fortpflanzung als moralischen Begriff und attackiert er das väterliche Prinzip, das Prinzip der gesellschaftlichen Selbsterhaltung.

Wie kommt es, so wird man sich fragen, dass nirgendwo ausdrücklich von dem Hass die Rede ist, den Sade gegenüber seinem eigenen Vater, dem Anstifter seiner unglücklichen Ehe, empfinden mochte? Überlassen wir den Biographen die Sorge, in Präsident Blamont und dessen Freund d'Olbourg, Figuren aus *Aline und Valcour*, Zerrbilder des Comte des Sade und des Präsidenten Montreuil und in ihren Machenschaften und in ihrer Weise, zum Zwecke der Ausschweifung über ihre Kinder zu verfügen, eine romanhafte Karikatur der Umstände von Sades Verheiratung zu sehen. Sei es auch, dass er sie nur deshalb in so düsteren Farben gemalt hat, um sich zu rächen. Eine Rache, die keine Komplizenschaft ausschließt. Die Väter von *Aline und Valcour* sind ebenso wie der von *Eugénie de Franval* nur Varianten dieses Personentypus, der überall in den geheimen und in den veröffentlichten Schriften von Sade auftaucht und der die große Aufgabe der Umwälzung übernehmen soll, die Sade ihm anvertraut, indem er ihn schafft: der *Familienvater als Zerstörer der Familie*. Gerade indem er ihm die Rolle des schwarzen Helden und nicht die des tugendhaften und achtbaren Mannes gibt, schafft Sade eine Identifikation, die die Form einer regelrechten Anbetung des Vaters annimmt – sozusagen als Gegenstück zum Hass auf die Mutter, die ihrerseits immer die Rolle der ehrbaren Frau spielt, damit sie um so besser mit Füßen getreten werden kann.

„Nicht das Blut der Mutter bringt das Kind hervor", sagt Bressac in dem Moment, als er seinen Muttermord begeht, „sondern nur das des Vaters; der Schoß der befruchteten Frau konserviert und verarbeitet, aber er bringt nichts hervor, und aufgrund dieser Überlegung habe ich meinem Vater niemals nach dem Leben getrachtet, während ich es für eine ganz einfache Sache halte, den Lebensfaden meiner Mutter durchzuschneiden." Eine Auffassung von Anatomie, die vielleicht absichtlich verfälscht wurde und uns daher um so deutlicher zeigt, in welchem Maße Sade von der Notwendigkeit besessen war, die bestimmt, dass der Mann von der Frau geboren wird und die ihm gleichzeitig als Erniedrigung der Natur und der menschlichen Gattung erschien. Überdies schildert er uns einen Vater, der ständig gegen die Ehefrau als Mutter revoltiert, die überall in den sadeschen Romanen die direkten Beziehungen zwischen dem Vater und seinen Kindern und vor allem die sodomitischen Beziehungen zwischen Vater und Sohn stört.

Sade preist Sodomie und Inzest als die Attribute der Vaterrolle: Der Vater muss die ehelichen Ketten sprengen, die ihn daran hindern, sich durch seine Kinder einen körperlichen Genuss zu verschaffen, dem doch kein natürliches Gesetz entgegenstehe. Die Gesellschaft hat bestimmte Naturgesetze zu gesellschaftlichen Gesetzen gemacht und andere wieder nicht. Und gerade das zwingt die *sadeschen* Väter, zur List zu greifen und ihren Töchtern ihre Vaterschaft zu verheimlichen, um sie nach Belieben besitzen zu können, wenn sie erst einmal das heiratsfähige Alter erreicht haben.

Es gibt kein typischeres Beispiel für den antimütterlichen Komplex als Bressac, dessen Vater gestorben ist. Statt seine Stellung als Sohn (aufgrund der Abwesenheit des Vaters) in die Rolle des zweiten Ehemanns der Mutter zu verwandeln (positiver Ödipuskomplex), repräsentiert er im Gegenteil die Virilität und die natürliche Grausamkeit des abwesenden Vaters, er *rächt* gewissermaßen dessen Abwesenheit. Während im Ödipuskomplex die Unterdrückung des Vaters die Wiederherstellung der ursprünglichen Einheit von Mutter und Kind ermöglicht, lässt *die von Vater und Sohn gemeinsam ausgeübte Unterdrückung der Mutter* – wie sie etwa in der Geschichte von

Brisa Testa (*Juliette*) berichtet wird – *die latente Realität von Mutter und Sohn* nur um so deutlicher hervortreten und enthüllt die *Gemeinschaftlichkeit von Vater und Sohn*. Bei Sade befreit gerade *der Vater, der die Mutter zugunsten des Kindes züchtigt* oder der aus Liebe zum Kind mit seiner Gattin bricht, das Kind aus dem mütterlichen Gefängnis.

Das geheime Motiv des Hasses auf die Mutter (dessen *einsperrender* Charakter nur eine sekundäre Verarbeitung ist) könnte dem heimlichen Groll gegen die Jungfrau näher stehen, als man zunächst vermuten möchte. Die Jungfrau, die die Reinheit verkörpert, war ursprünglich mit der Mutter vermischt, die vom Sohn abgöttisch geliebt wurde. Dann lässt ein Ereignis oder nur der schlichte Verdacht, dass etwas stattgefunden hat (der Verdacht beeinflusst Sade unaufhörlich), die Mutter unter einem fleischlichen Aspekt erscheinen, der zugleich anziehend und abstoßend wirkt. *Hat das anbetungswürdige Element Verrat begangen? Keineswegs, dieses anbetungswürdige Element behält seinen vollen inneren Wert, aber es ist nicht mehr der Mutter eigen: Es ist reine Essenz an sich. Das Bild der Mutter wird jetzt durch das Bild der Jungfrau ersetzt.*

Aber dieses Bild behält doch den ödipalen Verbotscharakter der Mutter, werden die Psychoanalytiker sagen, die an der Theorie des Ödipuskomplexes festhalten müssen, und sie werden hinzufügen: Die Jungfrau bewahrt sich diese Eigenschaft, die es ausschließt, sie zu besitzen, nur deshalb, weil sie eine Variante und ein *ödipales* Bild der Mutter ist. Die Analytiker sehen nur eine kontinuierliche Genese von Motiven. Sie sind unfähig, die Idee einer *Diskontinuität von Ebenen* zuzulassen, die allein es der Seele ermöglicht, einen an sich irreduziblen Wert festzuhalten. Ohne einen irreduziblen Wert gibt es kein

Bewusstsein und keine Sublimierung. Wenn das Bild der Reinheit in seinem weiblichen Aspekt dem Kind Sade zunächst in der Mutter verkörpert war, so existierte es in seiner Vorstellung trotzdem und unabhängig davon als eine Eigenschaft, die später mit religiösen Gegenständen identifiziert werden konnte, die man entweder verehren oder aber, wie es bei Sade der Fall sein sollte, *blasphemisch* behandeln kann.

Bei Sade übernimmt die Mutter die Kastrationsfunktion, die beim Ödipuskomplex der Vater inne hat. Sie ist (auf homosexueller Ebene) Rivalin des Sohnes und steht dem Vater ebenso nahe wie ihrer Tochter. So steht die Mutter ohne jeden ödipalen Reiz nicht nur für *Gefangenschaft* und *Erstickung* (durch die gesellschaftlichen Gesetze und die Religion), sondern sie verliert diesen Reiz zugunsten der unnahbaren Jungfrau, dem Reiz des Sakrilegs, das der religiösen und spiritualen Sphäre angehört und aus einer transzendierten Liebe hervorgeht.

Das ursprüngliche Erlebnis Sades entzieht sich den Nachforschungen. Aber es reproduziert sich in den Begleitumständen seiner Heirat: An die Stelle seiner *Mutter* tritt seine *Schwiegermutter, die Präsidentin de Montreuil; seine Neigung zog ihn eher zur jüngeren Schwester der ihm aufgezwungenen Ehefrau.* So realisierte sich das inzestuöse Verhältnis in der verbotenen Leidenschaft, die er für seine Schwägerin empfand. Ein folgenreiches Abenteuer verschlimmerte diese Situation: Er entführte diese *Schwägerin*, die eine *Stiftsdame* war, und machte sie auf seiner ersten Italienreise zu seiner Maitresse. Sade konnte sie selbst nach vielen Ehejahren nicht vergessen. Daher der hartnäckig strafende Einfluss der Präsidentin Montreuil, dem Prototyp der erstickenden Mutter (Bastille etc.).

Das Bild des Vaters als Zerstörer seiner Familie erscheint hier als eine Erdichtung, die das atheistische Bewusstsein der Seele von Sade kompensiert. Durch dieses Phantasma verlässt Sade das mütterliche Gefängnis, kann er mit der Essenz der Reinheit kommunizieren, die in der Jungfrau verkörpert ist; Sade stellt dem ausschließlichen Charakter der Jungfrau den überschreitenden Charakter des Vaters gegenüber. Die Berufung zur Jungfrau schließt den Verzicht auf die Mutterrolle ein und damit die Gründung einer leiblichen Familie aus, und zwar gerade im Namen einer geistigen Mutterschaft. In Sades Denkweise gibt es offenbar keine Berufung, die Bestand hat, aber es gibt das für ihn gleichbedeutende Bild der jungfräulichen Reinheit; es geht auch nicht um Verzicht, aber indem dieses Bild der jungfräulichen Reinheit den männlichen Besitz erschüttert, beinhaltet es in zwanghafter Weise ein Verbot der Familie, die aus der fleischlichen Vereinigung hervorgegangen ist. Durch diese eingängigen Motive wird das Phantasma vom Vater als Zerstörer der Familie gewissermaßen zum sakrileghaften Kontext der unnahbaren Reinheit.

Abschließend möchte ich *den wiederum manichäischen Charakter* dieser inneren Mythologie hervorheben: Hass auf die Mutter und Hass auf die Materie ist eins; die Anbetung des zerstörerischen Vaters geht auch hier aus dem zerstörerischen Verlangen nach ursprünglicher Reinheit hervor.

Anhang III

Das wahnsinnige Verlangen, *alle vorstellbaren Formen von Genuss* zu erproben; zu einem Subjekt zu werden, das in der Lage ist, *die Gesamtheit aller möglichen Erfahrungen* auszuschöpfen, obwohl diese Gesamtheit des Möglichen niemals erreicht werden kann und obwohl das *Mögliche* in der Tat *unmöglich zu erschöpfen*, also *unerschöpflich* ist. Warum sollte man sich diesem Verlangen nach integraler Monstrosität bei Sade nicht von der häretischen Lehre des Karpokrates[4] aus nähern, dem gnostischen Sektierer, dessen Streben nach ursprünglicher Reinheit durch eine Praxis, die alle Verbrechen ausführte, ein enthüllendes Licht auf die Organisation eines Geistes wirft, wie wir ihn gerade studieren.

„Sei willfährig deinem Widersacher bald, dieweil du noch bei ihm auf dem Weg bist, auf dass dich der Widersacher nicht dermaleinst überantworte dem Richter, und der Richter überantworte dich dem Diener, und werdest in den Kerker geworfen. Ich sage dir wahrlich: Du wirst nicht von dannen herauskommen, bis du auch den letzten Heller bezahlest." (Matt. V, 25–26)

Die Sekte der Karpokratianer gab dieser Passage eine tiefsinnige Interpretation. Sie sahen darin die Bestätigung ihrer Lehre vom Verzicht auf Widerstand gegen den Schöpfer jener Welt der Finsternis, aus der Jesus gekommen ist, um den Menschen zu erlösen und um ihn wieder in das Licht des himmlischen Vaters zu versetzen. Nach ihrer Ansicht führt die Unterlassung von Sünden zu einer Reinkarnation der Seele, die solange vom Schöpfer dieser Welt gefordert wird, bis die Seele alle Schuld abgetragen hat. Wie sie sagen, ist das Verbrechen ein Tribut, der für das Leben gezahlt und vom Schöpfer dieses Lebens erhoben wird. Deshalb muss sich die Seele der Sünde hingeben, sobald sich eine Versuchung zeigt, weil sie sonst dem Richter (dem bösen Gott, dem Schöpfer dieser Welt) ausgeliefert wird, der sie in den Kerker – in einen neuen Körper – wirft, bis sie sich von aller Schuld befreit hat – bis zum letzten Heller. Für sie lehrt das Evangelium die Menschen, wie dem Licht zu geben ist, was dem Licht gebührt, indem man der Finsternis zurückgibt, was der Finsternis gebührt. Denn der Mythos der Reinkarnation, den es bei allen Gnostikern gab, geht von einer quantitativen Konzeption der integralen Seele aus: Die aufeinanderfolgenden Reinkarnationen vermindern ihre Sündhaftigkeit.

Das kommt daher, dass die Karpokratianer Jesus nicht als Gott-Menschen anerkennen wollten, dessen Inkarnation alle Schuld auf sich nehmen würde und jede Notwendigkeit einer Reinkarnation im karpokratianischen Sinne oder auch jede Wiederholung des Überschreitungsaktes im sadeschen Sinne beseitigen würde. Hat man die Vorstellung eines ein für alle Mal im Menschen inkarnierten Gottes einmal verworfen, bieten sich dem Denken ebenso viele Ökonomien des Seins an: die Idee einer Reinkarnation, um auszuführen, was es an noch zu begehenden Sünden gibt, wie auch das Bedürfnis, unendlich immer wieder mit der Sünde zu beginnen, oder schließlich die Notwendigkeit der ewigen Wiederkehr des Gleichen, die die Seele, laut Nietzsche, eine Reihe von unterschiedlichen Lebensweisen und Identitäten durchlaufen lässt, bevor sie zu einer ersten bewussten Identität zurückkehrt.

Anmerkungen

Vorwort

1 Die vorliegende Übersetzung basiert auf der Ausgabe von *Sade mon prochain* aus dem Jahre 1967. Die erste Fassung erschien 1947 bei den Éditions du Seuil in Paris. *(A. d. Ü.)*
2 Eine weitere Lücke füllt der Aufsatz „Sade und Fourier", in: *Lektüre zu Sade*, hrsg. von B. DIECKMANN und F. PESCATORE, Frankfurt 1981, 213–234 (französische Ausgabe: „Sade et Fourier", in: *Topique* 4/5, Paris 1971). *(A. d. Ü.)*
3 Das Kapitel „Huldigung der Jungfrau" ist aus diesem Grund auf Wunsch des Autors nicht in die deutsche Fassung übernommen worden. *(A. d. R.)*
4 Dieses Thema sollte der Verfasser viel später *in suo loco proprio* in *Das Bad der Diana*, übers. von Sigrid von MASSENBACH, Reinbek bei Hamburg 1970, behandeln (französische Ausgabe: *Le bain de Diane*, Paris 1956).

Der ruchlose Philosoph

1 Abschweifungen und Entwicklungen in Nachfolge eines Vortrags, der auf der Konferenz „Zeichen und Perversion bei Sade" (französisch: „Signe et perversion chez Sade"), Tel Quel am 12. Mai 1966, gehalten wurde.
2 Marquis de SADE, *Persönliche Notizen*, Ausgewählte Werke, hrsg. von Marion LUCKOW, Band 3, Hamburg 1965, 1015 (französische Ausgabe: „Note relative à ma détention", in: *Cahier personnels (1803–1804)*, hrsg., kommentiert und mit einem Vorwort versehen von Gilbert LÉLY, Corréâ 1953).

3 Französisch „discours“ wird hier mit dem im Deutschen wenig gebräuchlichen „Diskurs“ übersetzt, da es sich um ein ständiges Element der sadeschen Komposition handelt. Typisch für ihn ist die Zweiteilung seiner Episoden in die Beschreibung ausschweifender Handlungen und theoretischer Diskurse, die diese Handlungen erläutern, rechtfertigen und am Ende auch steigern sollen. *(A. d. Ü.)*

4 Französisch „sodomie“ meint hier nicht speziell den Geschlechtsverkehr zwischen zwei Männern, sondern ganz allgemein „den Coitus gegen die Natur eines Mannes mit einem Mann oder mit einer Frau“ (*Larousse*). *(A. d. Ü.)*

Sade – mein Nächster

Sade und die Revolution

1 Vgl. Anhang I.

2 Marquis de SADE, „29. Brumaire, Jahr III“, in: *Briefe und Dokumente*, Ausgewählte Werke, Band 3, 1040.

3 Ebenda, 1047.

4 Maximilien de ROBESPIERRE, *Ausgewählte Texte*, Hamburg 1971, 311 ff.

5 Ebenda, 315 ff.

6 Marquis de SADE, „Franzosen, noch eine Anstrengung, wenn ihr Republikaner sein wollt“, in: *Die Philosophie im Boudoir*, Ausgewählte Werke, Band 3, 85–86 (französische Ausgabe: „Français, encore un effort si vous voulez être républicains“, in: *La Philosophie dans le boudoir*).

7 Ebenda, 92.

8 Ebenda, 96.

9 Ebenda, 98 ff.

10 Ebenda, 146.

11 Ebenda, 106 ff.

12 Diese Passage wie auch die folgende bezeugen die tendenziöse Verirrung der Argumentation des Autors zu der Zeit, als er diese Studie schrieb. Die „Utopie des Bösen“ abstrahiert nicht vom „Überdruss“, sondern vom *funktionalen* und vielleicht sogar nützlichen Charakter, den die Institutionen eines bestimmten

gesellschaftlichen Milieus dem Ausleben von Triebkräften geben. Wenn es sich hier um eine Utopie des „Bösen" handelt, dann deshalb, weil Sade, indem er von der Sprache der Institutionen selbst Gebrauch macht, das Ideal einer menschlichen Gruppierung entwirft, die sich – um sich, ausgehend vom „Zustand beständiger Bewegung" ihrer Mitglieder, als in „permanentem Aufstand" zu erklären – bewusst ist, auf nichts anderem zu gründen, als dem Ausleben von Trieben, die von jeder ideologischen Legitimation befreit sind: Dadurch wird das Verhalten und die Art des Handelns von Individuen verändert. Eben darin besteht das utopische Vorhaben Sades: Denn, wenn Ekel und Überdruss auf „ein Verbrechen, das nur um des Verbrechens willen begangen wurde", folgen, dann kann die Idee zu einem solchen Verbrechen nur in der vorhandenen institutionellen Welt entstanden sein und einen ähnlichen Überdruss, beziehungsweise Intensitätsabfall zur Folge haben. Die funktionelle Tendenz der institutionell strukturierten Triebe ist so stark, dass das Individuum niemals oder höchst selten dahin gelangt, sich auf dem Grad einer Triebintensität zu erhalten, wenn sie – als *Mittel* – aufhört, einem Ziel zu entsprechen, das von den Institutionen gesetzt wird, sei es auch in allgemeiner Weise zu ihrer Erhaltung, für eine transzendente Bedeutung oder zum Wohle aller. Das eigentliche Problem liegt eher darin, zu erkennen, was im Zustand des „permanenten Aufstands" die Triebkräfte noch strukturiert und bei welchen Handlungen diese Kräfte erkennen würden, dass sie kein anderes Ziel als sich selb haben.

13 SADE, „Franzosen, noch eine Anstrengung, wenn ihr Republikaner sein wollt", 100.

Entwurf des sadeschen Systems

1 Vgl. die bis heute unvergleichliche Biographie von Gilbert LÉLY, *Leben und Werk des Marquis de Sade*, unvollst. Übers., Düsseldorf 1961 (französische Ausgabe: *Vie du Marquis de Sade*, 2 Bände, Paris 1952 und 1957).

2 Marquis de SADE, *Dialog zwischen einem Priester und einem Sterbenden*, Ausgewählte Werke, hrsg. von Marion LUCKOW, Band 1, Hamburg 1962 (französische Ausgabe: *Dialogue entre un*

prêtre et un moribond, zum ersten Mal veröffentlicht nach dem handschriftlichen Manuskript mit einem Vorwort und Anmerkungen von Maurice HEINE, Paris 1926).

3 Marquis de SADE, *Das Mißgeschick der Tugend* (1. Fassung der *Justine*), Ausgewählte Werke, Band 1, 743–986 (französische Ausgabe: *Les Infortunes de la Vertu*, zum ersten Mal veröffentlicht nach dem handschriftlichen Manuskript mit einem Vorwort und Anmerkungen von Maurice HEINE, Paris 1926).

4 SADE, „Introduction", in: *Les Infortunes de la Vertu*, XXXVIII–XXXIX.

5 SADE, *Das Mißgeschick der Tugend*, 984.

6 Marquis de SADE, *Die 120 Tage von Sodom*, Ausgewählte Werke, Band 1 (französische Ausgabe: *Les 120 Journées de Sodome*, kritische Ausgabe nach dem Originalmanuskript, hrsg. von Maurice HEINE, Band 1, Paris 1931).

7 Marquis de SADE, *Die Neue Justine* (3. Fassung der *Justine*) und *Die Geschichte der Juliette* Ausgewählte Werke, Band 3 (französische Ausgabe: *La Nouvelle Justine ou les malheurs de la Vertu, suivie de l'Histoire de Juliette, sa soeur*, 10 Bände, Holland 1797; diese Ausgabe enthält die dritte Fassung der *Justine* und die zweite Fassung der *Juliette*).

8 SADE, *La Nouvelle Justine ou les malheurs de la Vertu, suivie de l'Histoire de Juliette, sa soeur*, Band 6, 77–78; siehe auch *Die Philosophie im Boudoir.*

9 SADE, *Die 120 Tage von Sodom*, 211 ff.

10 SADE, *Die Geschichte der Juliette*, 583 ff.

11 Marquis de SADE, *Kurze Schriften, Briefe und Dokumente*, Gifkendorf 1989, 462–466.

12 SADE, *Die 120 Tage von Sodom*, 282 ff.

13 SADE, *La Nouvelle Justine ou les malheurs de la Vertu, suivie de l'Histoire de Juliette, sa soeur*, Band 6.

14 Ebenda, Band 1.

15 Ebenda, Band 4.

16 SADE, *Die Neue Justine*, 382.

17 SADE, *Die Geschichte der Juliette*, 784 ff.

18 Fortpflanzung, Selbsterhaltung und Zerstörung. *(A. d. Ü.)*

19 SADE, *Die Geschichte der Juliette*, 819.

20 Ebenda, 820.

21 Ebenda, 821.

22 Sade spricht nicht nur als Vorläufer des Evolutionismus, sondern

er formuliert hier auch noch einen Gedanken, der bestimmten gegenwärtigen Konzeptionen von vergangenen und heutigen Fähigkeiten der Natur entspricht, was die Gattungen betrifft: Ist der Mensch wirklich der Höhe- und Endpunkt?

23 SADE, *Die Geschichte der Juliette*, 822–823.

24 Ebenda, 826.

25 Ebenda, 827–828.

26 Ebenda, 823. Es wäre interessant, in dieser sadeschen Perspektive einer ewigen ursprünglichen Natur, die unabhängig von ihren Geschöpfen und insbesondere vom Menschen existiert, die Auswirkungen der *„atheistischen"* Lehre von Spinoza zu verfolgen: *„Deus sive Natura"*. Wobei „Deus" als eine argumentative Vorsichtsmaßnahme zu interpretieren wäre. Deshalb empfiehlt die Delbène im ersten Teil der Juliette dieser den Autor der Ethik, indem sie ihn mit Vanini und d'Holbach vergleicht: *„Nähre dich von den großen Prinzipien Spinozas …"* Man vergleiche Sades Ausführungen zur Natur mit einigen Lehrsätzen von Spinoza: Gott (oder die Natur) *„der für keinen Zweck existiert, handelt somit auch für keinen Zweck, und so wie seine Existenz hat auch sein Handeln weder ein Prinzip noch einen Zweck. Was man als finale Ursache bezeichnet, ist übrigens nur das menschliche Verlangen, insofern es als Prinzip oder ursprüngliche Ursache einer Sache angesehen wird"* (Baruch de SPINOZA, *Ethik*, Vorwort). *„… alle Finalursachen sind nur menschliche Fiktionen …"* (ebenda, Anhang I). *„Und hieraus folgt zugleich, dass Gott den Menschen keine Gesetze gibt, um sie, wenn sie dieselben erfüllen, zu belohnen (und zu strafen, wenn sie dieselben übertreten); oder um klarer zu sprechen, dass Gottes Gesetze nicht von solcher Natur sind, dass sie übertreten werden können. Denn die Regeln, die Gott in der Natur aufgestellt hat, nach welchen alle Dinge entstehen und dauern – wenn wir diese Gesetze nennen wollen –, die sind der Art, dass sie niemals übertreten werden können; als da ist, dass der Schwächere vor dem Stärkeren weichen muss, dass keine Ursache mehr hervorbringen kann, als sie in sich hat ... Alle solche Gesetze, welche übertreten werden können, sind menschliche Gesetze aus dem Grunde, weil bei allem, was die Menschen für ihr Wohl beschließen, darum nicht folgt, dass solches auch zum Wohl der ganzen Natur sei, vielmehr im Gegenteil es selbst zur Vernichtung vieler anderen Dinge führen kann … So hat auch der Mensch in Anbetracht, dass er ein besonderes Wesen ist, kein weiteres Augenmerk, als seine begrenzte Wesenheit reichen kann; aber in*

Hinsicht darauf, der er auch ein Teil und Werkzeug der gesamten Natur ist, kann dieser Zweck des Menschen nicht der letzte Zweck der Natur sein, weil diese unendlich ist, und ihn mit allem andern zugleich als ihr Werkzeug gebraucht" (Baruch de SPINOZA, *Kurzer Traktat von Gott, dem Menschen und dessen Glückseligkeit*, übers. von A. van der LINDE, Freiburg 1869, Teil 2, Kapitel 24, 4–6).

27 SADE, *Die Geschichte der Juliette*, 824–825.

28 Wörtlich „das Umherwandern", die Lehre von der Seelenwanderung. *(A. d. Ü.)*

29 Marquis de SADE, *Justine oder Die Leiden der Tugend, gefolgt von Juliette oder Die Wonnen des Lasters*, übers. von Raoul HALLER, Teil 1, Band 3, Nördlingen 1987, 241.

30 SADE, *La Nouvelle Justine ou les malheurs de la Vertu, suivie de l'Histoire de Juliette, sa soeur*, Band 7.

31 SADE, *Die Philosophie im Boudoir*, 59.

32 SADE, *Justine oder Die Leiden der Tugend, gefolgt von Juliette oder Die Wonnen des Lasters*, Teil 3, Band 7, 312.

Unter der Maske des Atheismus

1 Der im französischen Original hier folgende Abschnitt „L'Hommage à la Vierge" ist auf Wunsch des Autors nicht in die deutsche Fassung übernommen worden. *(A. d. R.)*

2 „Die Lateiner leiteten *morosus* von *mos* (Sitte, Gewohnheit, Brauch) und von *mora* (Verzug, Verzögerung) ab, und daraus haben wir [in Frankreich] *demeurer* [wohnen, bleiben, verharren] gemacht, nach *demorari* [schwinden, sterben, vergehen]. Wie die Bräuche von Volk zu Volk, von Provinz zu Provinz fremd scheinen, wie auch Verzögerung Unruhe und Ungeduld erzeugt, so bezeichnet unser Wort einerseits fremd (étrange), einzigartig (singulier) und sonderbar (bizarre), andererseits betrübt (chagrin), traurig (triste) und besorgt (inquiet). Der folgende Vers drückt zugleich diesen doppelten Ursprung und diese doppelte Bedeutung aus: *mos me morosum, mora me facit esse morosum.* Unsere Sprache hat für *morose* [mürrisch] den zweiten Sinn von *mora* bewahrt; sie lässt es traurig (triste), trübselig (morne) und düster (sombre) bezeichnen. Die Theologen, die eine besondere

Sprache haben, haben sich den ursprünglichen Sinn von *mora* zu eigen gemacht; sie benutzen *morose*, um Dinge zu bezeichnen, die einige Zeit dauern; *delectatio morosa* ist für sie ein Genuss von einiger Dauer" (M. LACHORT, *Somme Théologique de saint Thomas*, Band 5, Paris 1863, 70).

3 Es ist dabei unwichtig, ob es sich um einen nicht realisierten Entwurf handelt oder um eine begangene Handlung: Vor Gott bleibt die Seele nicht weniger verantwortlich für Pläne, denen ihr Wille Aufmerksamkeit widmet (eben darin besteht die Sünde der *delectatio morosa*), als für Realisierungen in Handlungen, die dieser Wille befiehlt.

4 SADE, *Die 120 Tage von Sodom*, 286.

5 Vgl. Anhang III.

Anhänge

1 *Esprit*, Dezember 1938.

2 Aus dokumentarischen Gründen zitiere ich hier einige Abschnitte aus meinem Artikel: „Elements d'une étude psychanalytique sur le Marquis de Sade", in: *Revue de Psychanalyse*, Band 6, 1933, 3–4.

3 Sie (die Präsidentin Montreuil, seine Schwiegermutter) verfolgte ihn mit ihren fürchterlichen Mitteln solange, bis sie ihn zu völliger Ohnmacht reduziert hatte.

4 *Lexikon Theologie und Kirche*, Band 5, Freiburg 1960: „Karpokratianer, Bez. einer gnost. Sekte, die einen ägyp. Gott Harpokrates-Horus verehrt haben soll ... Ein Karpokrates ist unbekannt, seine Existenz wird bezweifelt. Nach Eirenaios u. Hippolytos lehrten die K., die Welt sei von Engeln erschaffen, Jesus sei der Sohn Josephs, ein Mensch wie andere, seine Seele habe vom ungezeugten Vater die Macht empfangen, Wunder zu wirken und zu ihm zurückzukehren. Sie lehrten auch die Seelenwanderung u. eine laxe Moral"; *Der kleine Pauly*, München 1975, Band 3: Eine fragmentarisch erhaltene Schrift des Epiphanes (Sohn des Karpokrates), fordert „als erlösende Gerechtigkeit die auf die natürliche Begierde gestützte Gleichheit in der Gemeinschaft aller Wesen, d. h. unter anderem Güter- und Frauengemeinschaft". *(A. d. Ü.)*

Passagen forum

Jacques Derrida

Denken heißt Nein sagen

Der vorliegende Band gibt den frühesten vollständig redigierten Text von Jacques Derrida zu lesen, der bislang veröffentlicht wurde. Damit bietet er einen Ausblick auf das kommende dekonstruierende Schreiben und Denken Derridas, das hier bereits in nuce angelegt ist.
Der Titel „Denken heißt Nein sagen" greift einen Satz des Philosophen Alain (1868–1951) auf. Er bildet Ausgangspunkt und Zentrum der vier Sitzungen einer gleichnamigen Vorlesung, die Jacques Derrida im Studienjahr 1960–1961 als Assistent für Allgemeine Philosophie und Logik an der Sorbonne gehalten hat. Ausgehend von der Frage „Was ist Denken?" und einer Analyse des Ja Nein als Ur-Frage des Denk-Akts folgt eine grundlegende Untersuchung des Verhältnisses von „Bejahung" und „Negation", „Glauben" und „Nichtglauben", „Leichtgläubigkeit" und „authentischem Denken". Die Lektüre des titelgebenden Satzes wird dabei auch in einen breiten Kontext von Descartes über Husserl, Bergson und Heidegger bis Sartre eingebettet. Die Spannung zwischen den zwei „kleinen Wörtern" Ja und Nein, die einen Grundmechanismus der später so genannten „Dekonstruktion" darstellt, bietet Derrida zudem immer wieder Anlass, das aktuell vollzogene Lehren von Philosophie selbst zu hinterfragen.

Passagen Thema

Donatella Di Cesare

Folter

Die Verurteilung der Folter ist nicht mehr einhellig, seit ihre Apologeten im „Krieg gegen den Terror“ eine Rechtfertigung für diese Praxis gefunden haben, die sich in den letzten Jahren in Demokratien ebenso ausbreitet wie in diktatorischen Regimen. Ein empörtes „Nein“ reicht zur Verteidigung der verletzten Menschenwürde nicht mehr aus. In klarem und prägnantem Stil zeichnet die Autorin ein kritisches Gesamtbild der Folter und zeigt ihre enge Verbindung zur Macht. Wie soll man gegen Folter kämpfen, wenn der Verbrecher der Staat selbst ist? Di Cesare entwirft eine neuartige „Phänomenologie der Folter“, in der sie die Besonderheit dieser systematischen und methodischen Form von Gewalt erfasst, bei der der Täter den Schmerz berechnet und abmisst, um das Opfer am Sterben zu hindern und weiterhin seine souveräne Macht ausüben zu können. Folter lauert überall dort, wo sich Wehrlose in den Händen von Stärkeren befinden: in Gefängnissen, Psychiatrien, Flüchtlingslagern, Hospizen, Behindertenzentren, Internaten. Das Fehlen eines Straftatbestandes begünstigt sie.